ロシア十月革命とは何だったのか

聽濤 弘

本の泉社

＊カバー写真は、演説するレーニン（上）、十月革命2周年を祝うレーニン、トロツキー、カーメネフ。
カバー裏の写真はサンクド・ペテルブルグ（レニングラード）の冬宮殿。
＊扉写真は左上からレーニン、カーメネフ、キーロフ。右上からトロツキー、ジノーヴィエフ、スターリン。
下は1917年のペトログラード・ソヴィエト会議

はじめに――いまなぜロシア革命か

今年は１９１７年10月25日（旧暦、新暦11月7日）に起こったロシア十月革命１００年にあたる。それから約70年を経てソ連は崩壊した。いまソ連誕生の原点について語ることは歴史の皮肉である。もっと一般的にいえば、そもそも１００年前のことなどどうでもいい話だということであろう。左翼系の人々でも「ソ連は崩壊したし、いまさら十月革命のことなど……」と感じる人は多いと思う。

しかしちょっと待ってほしい。いまみんなが日本と世界の現状を変えたいと思っている。そのとき実際に変えた歴史的事件を完全に忘却するか全面否定してしまっていいのだろうかと思う。ロシア十月革命はソ連崩壊によって中断されてしまったが、20世紀に資本主義にかわる新しい社会をつくろうとして人類がおこなった初の大実験であった。その成果はあった。

本書はまず総論としてどういう成果があったかを述べ、次になにがロシアの民衆の心を突き動かし革命が成功したのかをみる。最後にこの革命を指導したレーニン（1870年―1924年）のあとソ連の指導者となったスターリン（1878年―1953年）の「大テロ」の最初の犠牲者が、なぜ当時ロシア共産党のレニングラード（現ペテルブルグ）の責任者であり十月革命にも直接参加したキーロフであったのか、そしてなぜスターリンの個人独裁制度ができたのかを検討する。いまでもロシア革命を検討する課題は多い。

私は昨年秋に訪ロし、アレクサンドル・ブズガーリン教授（モスクワ大学経済学部）と懇談したさい、同教授を中心にして纏めた集団的論集『ロシア革命の頂点――十月の100年によせて』（以下、『頂点』と略す）その他の書籍を贈呈された。またソ連崩壊後、ロシア革命についての多くの新しい書籍・資料が出版された。それらをも活用して書いていくことを初めに述べておきたい。なお、レーニン全集などからの引用にあたっては一部、訳文を分かりやすく補正していることをお断りする。

2017年8月25日　　著者

目次

総論　今日でも残る十月革命の国際的意義

まずなによりも十月革命が果たした成果、今日でも残る国際的意義を事実の問題として確認したい。その第一は「くらし」の問題である。

いま安倍政権は「働き方改革」として労働法制の大改悪を進めている。賃金を「労働時間」ではなく「成果」ではかるというのは、ILO（国際労働機関）条約の重大な違反である。ILOは労働者保護を大前提にし政府、使用者、労働者の三者代表によって国際労働基準を策定する機関である。実はこれは各国の労働運動の積み重ねとともに、ロシア十月革命の大きな影響によって1919年に設立されたものである。

十月革命直後、ソヴィエト政権（労働者・農民の政権のこと）は第一次世界大戦を直ちに終わらせるための「平和の布告」を発するとともに、1週間後には8時間労働制を実施し、有給休暇、医療無料化をはじめとする社会保障制度、教育無料制度等々にかんする布告を発した。そのため先進資本主義諸国政府は「ボリシェヴィキ（ロシア共産党のこと）の平和攻勢に対抗」し、「労働運動の指導者たちの戦争協力を引き続き確保するため」（外務省外交資料館編纂『日本外交史辞典』）、労働条件の改善で譲歩する必要性に迫られ、ＩＬＯがつくられたのであった。

十月革命直後にドイツ革命がおこり、ドイツ帝国が崩壊しワイマール民主共和国ができた。このワイマール憲法は十月革命の強い影響をうけ国民の労働権、生存権を明記した（１９１９年）。このようにして十月革命は、先進資本主義国におけるいわゆる「福祉国家」づくりに大きな役割を果たした。ＩＬＯは現在でも労働者保護の上で重要な役割を果たしている。憲法改正をしなければ教育無料化もできないという安倍政権は、まさに「お笑い」である。

ソ連崩壊後、多くの左翼系の学者が「福祉国家」の原点はワイマール憲法にあると主張し、ロシア十月革命にはまったく触れなくなった。おそらくスターリンの誤り等々を念頭に入れてのことであろうが、それはその後の話であり事実は事実とし確認すべきであろう。

19世紀の古い外交を刷新した

いま安倍政権は「特定秘密保護法」を制定し秘密主義政治を推進している。外交はその最たるものである。十月革命は対外政策での秘密外交を廃止し、他民族抑圧・領土略奪という19世紀の古い外交に大きな風穴を開け、外交のあり方を一新した。

その結果、なによりも第一に世界の民族独立運動を高揚させた。第一次世界大戦にあたりイギリス、フランス、ロシアは連合を組み、当時オスマン帝国が支配していた中東地域を三国で分割する秘密協定＝サイクス・ピコ協定（英・仏外交官の名）を結んだ。シリアとトルコ南部はフランスに、イラクとパレスチナはイギリスに分割。帝政ロシアはボスポラス海峡とダーダネルス海峡両岸、黒海東岸地域を確保する等々である。

十月革命が成功すると、ソヴィエト政権は外務省の文書庫からサイクス・ピコ秘密協定を探しだし、全世界に暴露した。旧外務省の役人は、ほとんどが高級貴族であったのでソヴィエト政権に協力せず、労働者・兵士らが約1ヶ月かけ文書庫を整理し約100通の外交文書の発表を準備した。このなかにサイクス・ピコ秘密協定もあった。

これを公表すると、中東地域での民族独立運動を励まし各地で民族独立闘争がおこった。トルコでは1920年に革命政権が樹立され、トルコは独立国家となり、オスマン帝国は崩壊した。革命政権は政教分離をおこない、国家がいかなる宗教にも特権を与えず、逆にどんな宗教団体も政治上の権力を行使してはならない近代国家としてトルコを独立させた。イスラム世界でこのような近代国家をつくることは、今日においてもきわめて重要な意味をもっている。

中国でも、ロシア革命の影響で1919年に中国を植民地化する日本の対華21ヶ条に反対する「5・4運動」と呼ばれる反植民地運動が北京から始まり、全国に燃え上がった。対華要求とは、1915年に袁世凱政府にたいし、①山東省のドイツ全権益の日本への譲渡、②旅順・大連の租借、満州鉄道の権利、東北南部と東部内蒙古の土地の所有、③漢の製鉄所の日華共同経営、④中国のいっさいの港湾・諸島の第三国への不譲渡、⑤中央政府の政治・財政・軍事問題にかんする日本人顧問の採用、などの21ヶ条で、その大半を承諾させた。これに反対する闘争のなかで、1921年に中国共産党が生まれた。インドシナでも民族独立運動が高揚し、インドシナ共産党が同年にでき、ベトナム共産党誕生の切っ掛けとなった。

十月革命は帝政ロシア自身の支配下にあったポーランド、フィンランド、バルト三国の独立を直ちに認めた。

ソ連崩壊後、二月革命（十月革命より8ヶ月前の2月に帝政ロシアを崩壊させた革命）によってできたブルジョア臨時政府がポーランド、フィンランドの独立を認めたという説がでてきた。しかし、第一次世界大戦のさいロシアの敵国のドイツ軍に占領されたポーランドに独立を認めたというだけのことで、それがどれほどの意味をもつのであろうか。フィンランドについてはフィンランド憲法を復活させてもいいという態度をとっただけである。ロシアのブルジョア臨時政府を握っていたカデット党（立憲民主党）はポーランド、フィンランドの「自治」は認めるが「独立」は認めないというのが基本的態度であった。バルト三国はロシアのものとしていた。

ウクライナは独立を宣言したが臨時政府はこれを拒否した。ソヴィエト政権は1918年のドイツとの講和条約（ブレスト・リトフスク条約）交渉の際、ドイツ側にウクライナが座ることを認めて交渉をおこなった。

20世紀をあと10年残すところでソ連が崩壊し、「社会主義」の権威は失墜した。「20世紀最大の出来事」としては1960年代初めの「植民地体制の崩壊」が人類の進歩を表す道標となった。しかし、ロシア十月革命がそれを鼓舞したことは忘れられないことである。

大量虐殺兵器の禁止の先頭に立つ

ソヴィエト政権が初めて国際会議に参加できたのは、革命後5年たった1922年のジエノバ会議であった。十月革命後、ソヴィエト政権の首班となったレーニンが出席するつもりであったが安全上の理由でチェチェリン外相が出席した。これは通商貿易会議であったが、チェチェリン外相は第一次世界大戦で使われた当時最悪の大量虐殺兵器である毒ガス兵器を人道的立場から通常兵器とは区別して即時禁止する毒ガス兵器禁止条約の締結を提案した。

「ロシア代表団は毒ガス兵器、空中戦その他のもっとも野蛮な戦争形態の完全禁止とりわけ非武装住民にむけられる絶滅手段の使用の完全禁止を提案する」（『ソ連対外政策資料集』第5巻）

フランス代表が急先鋒になり「会議の目的と違う」として反対したが、この提案を基礎として1925年に「毒ガス兵器・細菌兵器使用禁止条約」がジュネーブで結ばれた。いま核兵器禁止条約締結問題が国連で重要課題となり、今年の7月には歴史的な核兵器禁止条約が国連で採択された。しかし核保有国とその同盟国は締結に反対した。レーニンの精神がその後のソ連の指導部にも引継がれているならば、核兵器廃絶の事業でどれだけ大きな力を発揮しえたであろうかと思うばかりである。

このように十月革命は人民の政権ができればどれほど大きな仕事ができるかを示してい

る。ロシア十月革命の名は20世紀の歴史から抹殺することはできない。

それでは何がロシアの民衆を突き動かし、こうした成果をあげることができたのであろうか。ロシア革命のある部分だけを論じる場合は別だが、その全体像を理解しなければ分からない。そのためにはどうしても封建的絶対王制（ツァーリ専制）を打倒した二月革命から十月革命の過程を知る必要がある。二月革命だけで終っていれば絶対にこのような成果は生まれなかった。そこでその過程を描き、革命の力はどこにあったのかをみてみよう。今年1月に出版された池田嘉郎氏『ロシア革命　破局の8か月』（岩波新書）も、結論は別だが2月から10月の過程を追っている。

第一章　二月革命の成功

——その力は民衆のデモにあった

1917年に二月革命と十月革命の二つの革命が起こったが、どちらの革命も中心課題は「戦争やめろ」と「土地は農民へ」であった。特に首都のペテルブルグやモスクワなど大都市では第一の課題が中心的であった。本書を書くにあたりレーニンを系統的に読んでみたがそうである。それどころか二月革命でできたブルジョア臨時政府の外相・ミリューコフ自身が、二月革命の「主要な基本的なばね」は「戦争とみなすべき」であり、その後も「革命政権（ブルジョア臨時政府のこと）が戦争を続けたこと」が「人民大衆を戦争に最も勇敢に反対した者を利する方向に動かした」。そのため、臨時政府も打倒される「十月のクーデター」になったと告白・回想している（『ロシアにおける急変』、1927年、パリ）。

それでは戦争を続けた封建的絶対王制（ツァーリ専制）をどのような方法で打倒したのだろうか。民衆が自発的に起した大規模なデモである。議会制民主主義が確立している国々では選挙が最大の武器になるが、それでも「戦争法」反対の国会デモが示したように日本の世論に大きな影響を与えたのはデモであった。デモという直接民主主義の形態は世のなかを変える原型である。

しかし、初めからロシアの民衆は「戦争やめろ」のスローガンを掲げたわけではない。ツァーリ専制政治のこれまでの野蛮な支配にくわえ、1914年から始まった第一次世界大戦は、ロシアの民衆に耐え難い苦痛をもたらした。この戦争で招集されたロシアの兵士は1500万人に及ぶといわれ、その大半は農民であった。前線の兵士は食糧不足に喘いだ。しかし戦争は怖ろしいものである。ロシアの民衆はナショナリズムに燃え上がり、「神よ！ツァーリにご加護あれ！」と叫び、ロシア帝国の勝利を願った。特にロシア人は他国より「大国主義」意識が強く、ナショナリズムには強烈なものがあった。

この状況下でレーニンは、「自国政府の敗北を！」という度肝を抜くようなスローガンを打ち出した。1915年7月のことである（「帝国主義戦争における自国政府の敗北について」全集第21巻、278ページ以下）。これはロシアだけでなくすべての交戦諸国の国民に呼びかけたもので、「自国政府」を打ち倒して人民の政権を打ち立てなければ戦争は終わらないとするものであった。このころ世界のすべての共産党（当時は「社会民主党」と呼んでいた）が第一次世界大戦すなわち帝国主義世界戦争に賛成し、自国の勝利を願っていた。レーニンの主張は猛攻撃を受けた。

しかし、長引く戦争の苦痛はロシアの民衆の心をだんだんと変えていった。1916年秋ごろから「戦争やめろ！」の声があがった。「ツァーリが戦争をやめないなら自分たちの力でやめさせよう」という気分がつくりだされ、「政治的緊張が非常に強まった」（ポクロフスキー『ロシア史』より。ポクロフスキーは1930年代にスターリンによって弾圧された）。レーニンの打ち出したスローガンと民衆の気持ちが一致するようになった。

首都で大規模なデモが起きる

ついに1917年1月9日（旧暦、以下すべて旧暦）、首都ペテルブルグの労働者街であるヴィボルグ地区に住む労働者が1905年革命の「血の日曜日*」を記念して、「戦争をやめろ！」、「専制政治打倒！」、「物価値上げ反対！」のスローガンのもとに街頭に出た。それに続き2月23日（新暦で3月8日の国際婦人デー）に首都の女性が「パンよこせ！」のデモを起した。労働者も再び立ち上がった。その日にストライキをおこなった首都の労働者は12万8400人であった。二月革命の火蓋が切って下ろされた。

デモは24日、21万4100人、25日、30万5000人、26日、30万6500人、27日、38万5500人、28日、39万3800人、3月1―2日、39万4100人に達した。当時

のペテルブルグの人口は２００万人である。どれほど大きなデモかが分る。

　これに呼応してペテルブルグの兵士が労働者の側に移行した。兵士はほとんど農民である。２月26日に６００人が決起し50名が殺害された。しかし27日の朝には１万人が、昼には２万５０００人が、夜までには７万人が決起し、労働者の側に移った。28日、12万７０００人、３月１日には17万人が移行した。労働者と兵士は武器庫、中央郵便局、電報局、駅、橋等を占拠し、ペテルブルグ全市を掌握した。

　こうして３月１日―２日にかけて、幾世紀にわたって続いたツァーリ専制政治の最後のロマノフ王朝は、わずか８日間であっけなく打倒された。フランス革命より約１００年遅れて起こったブルジョア革命である。これがロシア二月革命であり、１４００名の死者がでた（以上、数字はすべて『十月革命百科事典』《１９８７年》による。ペレストロイカ期にでたこの『辞典』に初めてトロツキーが批判されつつも革命家として紹介された）。

＊「血の日曜日」とは１９０５年1月9日、ペテルブルグの20万人の労働者・市民が労働時間の短縮などを求め、ツァーリ政府に対し請願デモを行ったさい、軍隊の無差別射撃を受け女性・子供を含め４０００人以上の死者がでた事件のこと。

「指導者なし」の二月革命

この革命は文字通りの民衆革命であり指導者はいなかった。ブルジョアジーは、封建制を打倒するブルジョア革命でありながら革命の指導者ではなかった。というのは、資本主義の発展が遅れたロシアではブルジョア政党は弱く、王制と結びそれに支援される程度のものであったからである。レーニンの呼びかけも亡命先のスイスからであった。トロツキーもアメリカに亡命していた。スターリンとカーメネフ（後の党幹部）はシベリアに流刑されていた。

他の革命政党も非合法活動を余儀なくされ、みな海外に亡命していた。二月革命のとき合法的にロシアにいたのはメンシェヴィキ党（ロシア共産党の分派）右派のチヘーゼと、農民に依拠する社会革命党（略称、エス・エル）が1906年に分裂してできたトゥルダヴィキ（勤労者グループ）党の党首・ケレンスキーだけであった。

レーニンが帰国したのは4月3日であった。その後、4月、5月に続々と革命の指導者たちが帰国してきた。どれほど多くの人々が亡命していたかに驚かされる。ソ連崩壊後に出版された『ルナチャルスキーとマルトフの手紙にみる1917年のロシア革命』（2007年、モスクワ。以下『手紙』と略す）という本がある。それによるとスイスに亡命していたロシアの革命諸勢力の代表者たちが3月21日に「祖国帰国のための中央委員会」を組織した。ボリシェヴィキもメンシェヴィキもエス・エルも共同してつくったもので「560名の利益を代表する」組織であった。スイス以外にフランス、イタリア、イギリス、アメリカ、スカンジナビア諸国にも亡命者がいた。総計するとどれほどの数になるのであろうか。

二月革命はまさに指導者なしの革命であった。

レーニンは、「革命」には「舞台監督」すなわち指導者が必要であるが誰もおらず、あえていうならばこの革命の「全能の『舞台監督』」は「帝国主義的世界戦争」であった（『遠方からの手紙』（全集第23巻、329ページ）と述べている。「戦争」が民衆を怒りに燃え立たせ「革命」という「舞台」をつくりだし、ツァーリ打倒の「強力な推進者」（同前）となったのである。しかしレーニンは、ロシアの民衆という「舞台俳優」は「血の日曜日」から始まった1905年―1907年革命で「下稽古」を何回もやったので何をしなければならないかをよく知っていたと述べている（同前、328ページ）。直ちに自らの権力機関として武装した「労働者・兵士ソヴィエト」をつくった。「ソヴィエト」とは「相談」、「相談会」という意味であるが、行政をとりしきる国家権力機関であり、1905年革命*のときにつくった経験がある。

一方、ドゥーマ（国会のこと——1905年革命の際、ツァーリの部分的譲歩でできた）ではブルジョア政党のカデット党（立憲民主党）が優勢で、それが中心となってブルジョア臨時政府をつくり、もう一つの国家権力機関が生まれた。この状態は「二重権力」と呼ばれた。「二重権力」とは分りやすくいうと、例えば臨時政府のグチコフ国防大臣が列車で前線に向かおうとすると、鉄道労働者がソヴィエトの許可がなければ列車をだせないといった状態のことであった（『頂点』収録、「円卓会議『十月革命。前提、本質、結果』」でのエム・イ・ボエイコフ＝ロシア科学アカデミー経済研究所政治経済学部門長＝発言）。

＊1905年革命とは、同年1月9日にペテルブルグのプチーロフ工場の労働者が不当解雇に抗議しておこなった請願デモを武力弾圧した「血の日曜日」から始まったツァーリ打倒の民主主義革命のこと。それは地主の土地の没収をめざす農民の革命ともなりロシア全土に燃え上がり、1907年まで続いた革命をさす。

ケレンスキーについて

　ブルジョア臨時政府には法務大臣としてソヴィエトに属するトゥルダヴィキのケレンスキーが入った。ケレンスキーの入閣はソヴィエトの了承なしにおこなわれた。臨時政府が「人民的」装いをつくるために入閣させたものであった。彼は十月革命までロシア政界を動かした大物政治家であったので一言しておきたい。

　ケレンスキーは１８８１年、シンビルスクで生まれた。したがって法相になったのは36歳の若さであった。11歳上のレーニンもシンビルスク生まれなのでケレンスキー家のことをよく知っていたそうである。ケレンスキーは、ペテルブルグ大学を卒業すると政治裁判専門の弁護士になった。その活動中にエス・エルに共感し、「血の日曜日」にあたっては抗議文を将校たちに送りつけ逮捕された。その後も、１９０５年革命で裁判にかけられた政治犯の弁護を引き受けて全国を飛びまわった。ボリシェヴィキの弁護もした。彼は雄弁家で二月革命後、政界に打ってでた後も火を吐くような鋭い演説をしたため大衆的人気が非常に高かったとのことである（ウラジーミル・フェジューク『ケレンスキー』、２００９年、モスクワ）。それが十月革命のとき臨時政府のあった冬宮殿からうまく逃亡し、後にアメリカに亡命した。

このように十月革命に先立つ二月革命は「前衛党」が主導して民衆を動かし、成就したものではなく、革命の推進力は戦争に反対し平和を希求する文字通りのロシア民衆であり、革命の武器はデモであった。もちろんこのことは「革命」は「政党」を必要としないことをいささかも意味しない。レーニンが帰国したとき、二月革命後のロシアをどうするかが大問題になっており、民衆も、ボリシェヴィキ党を含めて諸政党も混乱していた。政党の役割が鮮明になった。

第二章　なぜボリシェヴィキは混迷したか——革命と哲学

ブルジョア臨時政府は3月1日に恩赦、身分制度の廃止、言論の自由、政治的自由の保障、憲法制定議会の召集等を宣言した。しかし3月6日に対外政策を発表し、戦争の「勝利までの継続」を宣言した。あくまで戦争を続けるという態度表明である。封建的ツァーリ専制政府もブルジョア政府も他国の領土獲得ということでは一致していた。土地改革にも手をつけなかった。言論の自由、政治結社の自由を保障したことはロシア革命が平和的に進むことが可能であることを示すものであり、レーニンはこれを最大限に利用することにした。しかし、全般的世論としてこのブルジョア臨時政府にどういう態度をとるかは、二月革命後のロシアの進路を左右する決定的問題であった。こういうときに政党が正確な路線を提起することは、政党の政治生命にかかわる問題である。

レーニンの考えは、革命はまだ完了していない、何よりの証拠に臨時政府は戦争をやめようとはせず、土地改革に手をつけようともしていないではないか、民主主義革命を完成させるための第二段階に入った、というものであった。これを成功させるためには全権力をソヴィエトが掌握しなければならず、そのために多数者を結集させなければならないという考えであった。レーニンが強調した多数者結集の要になるのは、ここでも「戦争やめろ」であった。

「労働者・兵士ソヴィエト」を構成するエス・エルとトゥルダヴィキは、臨時政府が行う正しい政策は支持していき、臨時政府を「監督」するという態度をとった。戦争の継続という決定的な問題についてはそれを支持した。メンシェヴィキはどうしたか。レーニンより一足先に亡命地から帰ってきたメンシェヴィキの代表であるプレハーノフは、4月2日に開かれた「ペテルブルグ労働者・兵士ソヴィエト」の大会で次のように演説した。

同志のみなさん。(戦争で) ロシアを擁護するということはツァーリを擁護することを意味する時代があった。それは誤りであった。なぜならツァーリとその追随者は一歩一歩ロシアを裏切っていたからである。彼らは民族擁護を台無しにした。しかしいまわれわれは革命をやったのであり、もしドイツ人がわれわれに勝利するなら、それはドイツの搾取者がわれわれに抑圧を押しつけてくることを意味するだけでなく、旧体制復活の大きな確率性を意味することを理解しなければならない。したがって内部の敵とも外部の敵とも全面的にたたかわなければならないのだ。

（嵐のような拍手と〝ブラボー〟の叫び。演説全文は『頂点』に掲載）

さらにプレハーノフは、二月革命がブルジョア民主主義革命である以上、「また労働者が少数派である以上、社会主義はありえず、労働者はブルジョアジーが資本主義を民主的に議会主義的道にそって発展させるよう圧力を加える」ことが正しい道であり、「これがマルクス主義である」と演説した。

ケレンスキーはこの演説を聞き、直ちにプレハーノフが「臨時政府の大臣職に就くよう提案した」（ゲ・バダラーゾフ＝モスクワ国際関係大学教授＝論文「理論、方法、革命的行動：プレハーノフとレーニン」《『頂点』収録》）。

ボリシェヴィキはどうしたか。ロシア国内のボリシェヴィキ組織は初めは臨時政府に反対するという態度をとったが、3月中頃にシベリアの流刑地からスターリンとカーメネフがペテルブルグに戻ると、メンシェヴィキと同様に臨時政府を「大衆的に監督する」、「圧力を加える」という立場に変えた。カーメネフは、ボリシェヴィキ党機関紙『プラウダ』

で兵士たちに「銃弾には銃弾を、砲弾には砲弾を」と呼びかけ、臨時政府の戦争継続を支持し「祖国擁護」の立場を表明した（どの本を読んでも同趣旨のことがでてくるのでフルシチョフ版、ブレージネフ版『ソ連共産党史』《ソ党史》から引用した）。スターリンもメンシェヴィキとほとんど同じ態度をとり、それが「ひどくまちがった立場」であったことに「やっと4月の中頃になって」分かったと述べている（『スターリン全集』大月書店版全集⑥、347ページ）。

ボリシェヴィキの混迷にたいするレーニンの態度

レーニンはこの態度を全面的にひっくり返した。4月3日にフィンランド駅に到着するとレーニンを多くの労働者・兵士が盛大に出迎えた（付記しておくがプレハーノフもマルトフもチェルノフもトロツキーもみなフィンランド駅着で帰国し歓迎を受けている）。レーニンは駅頭で短い演説をした。『ソ党史』によれば、レーニンはロシアは二月革命から「社会主義革命の勝利」へ前進するよう訴えたことになっている。「社会主義世界革命万歳！」といったことは確かなようだが（クループスカヤ『レーニンの思い出』）、正確なことは不明である。*

しかし先述したように、レーニンが民主主義革命はまだ終わってはいない、「まず」その

「完全な勝利」へ革命を推し進めなければならない、「そのつぎに、社会主義をめざす」という考えをもっていたことは、彼が3月に亡命地チューリッヒから『プラウダ』編集局に送った『遠方からの手紙』をみれば明らかである（全集第22巻、327ページ以下を参照）。『遠方からの手紙』は第5信まであるが、第1信が『プラウダ』に出ただけであった。当時の『プラウダ』の編集責任はカーメネフとスターリンにあり、残りの手紙は握りつぶしてしまった。2信以下が発表されたのはレーニンが死去した1924年である。いずれにせよ革命の第二段階が始まる――これがレーニンの演説の主要点であったことは確かである。

＊『レーニン全集』＝邦訳の第4版＝に演説はでていない。そのような演説をしたといわれるようになったのは1957年に出版された『1917年のペトログラードのボリシェヴィキ』からである。『レーニン全集』第五版にはでている。

レーニンの「4月テーゼ」

レーニンが4月7日付けの『プラウダ』に発表した「4月テーゼ」はこれであった。レーニンはこのテーゼを4日のボリシェヴィキの集会でもメンシェヴィキとの合同集会でも読みあげた。その具体的内容は、①帝国主義戦争反対。広範な層が戦争を支持しているが、それは「善意」からであり、ブルジョア臨時政府のもとでも帝政時代の領土略奪戦争という性格は変っていないことを「根気よく、忍耐づよく」説明しなければならない。②現在の特異性は、権力をブルジョアジーにも渡した段階から労働者・農民に権力を集中する革命の第二段階への過渡にあることである。③わが党は、ソヴィエト内で少数派であり「大衆の実践的必要に適応」したやりかたで「忍耐づよく」大衆を説得しなければならない。④われわれの任務は社会主義を「導入」することではない。土地の国有化、銀行のソヴィエトによる統制等である。またレーニンは臨時政府が憲法制定議会の召集日を決定していないことも非難した（全集第24巻、3—8ページ）。

このテーゼはボリシェヴィキにもそう簡単には理解されず、議論は紛糾した。幾世紀も虐げられてきた民衆が二月革命の成功で自由を獲得したことに「酔いしれる」気分がみなぎっていたことは容易に理解できる。ボリシェヴィキ党内でもその反映があったのであろう。

革命と哲学

池田嘉郎氏は前出『ロシア革命』のなかで、「二重権力」は現実には「相互補完関係」にあったのであり、いままでいわれてきたような「対立物」と捉えるのは誤りである、としている。氏は、ボリシェヴィキには民衆のもつ「あいつら」と「われわれ」という「二分法」の論理しかなく、「互いに譲り」あうところがなかったのでロシア革命はロシアを「破局」に陥れたとし、結論として「異なる利害を調整する制度を粘りづよくつくる」ことこそが重要であるという。このことが「ロシア革命がわたしたちに教える単純なことがら」であると主張している。

今日の日本社会をどう変えるかということではいろいろな考えがあろう。私はそれをいちいち論難するつもりはないが、過去の客観的事実をいま好みの「哲学」で曲げてしまうことはよくないことであると思う。氏は2月から10月の過程を臨時政府の側から描いており、これまでのロシア革命史には出てこなかった面白い話が多い。しかし節目節目の諸事件は同じである。これは歴史の事実にもとづいて検証されなければならないでろう。

すでに証明したようにブルジョア臨時政権とメンシェヴィキ、エス・エルとは確かに「対立物」ではなかった。しかし氏がレーニンをいかに論難しようとも、事実の問題としてレーニンの「4月テーゼ」のあと間もない4月20日と21日から革命の第二段階が始まった。戦争の継続、土地改革の拒否という臨時政府の現実を見てとった民衆が、再び臨時政府反対の10万人規模の大デモを始めた。これはボリシェヴィキが起したものではない。レーニンは多くの民衆がまだ臨時政府に幻想をもっているなかで、デモが「臨時政府打倒」、「全権力をソヴィエトへ」のスローガンを掲げるのは時期尚早であるとして反対したほどである。しかし、この民衆の当然の怒りを代弁したのもレーニンである。民衆と臨時政府とは明らかな「対立物」である。この対立は民衆の自覚が高まれば高まるほどますます拡大していった。これを「あいつら」と「われわれ」の二分法の論理として切り捨てるわけにはいかない。

ところで、スターリンがレーニンの主張を理解したのは4月中頃であるというのは、その限りで「正直」な告白であるが、経験するまで事態を理解できないというのは「先を見る」ことができない政治家として「二流の政治家」だといえる。

レーニンの「4月テーゼ」における洞察には深い哲学的認識があった。レーニンは、第一次世界大戦が始まるとすべての共産党が戦争に賛成するという「マルクス主義の危機」

が起こったとき、ヘーゲル哲学とくに弁証法を懸命に研究した。ここで詳しくは述べられないが、彼はそこから「人間の認識は客観的世界を反映するだけでなく、それを創造しもする」(『哲学ノート』、全集第38巻、181ページ)という「先を読む」ことを学んだ。『遠方からの手紙』や「4月テーゼ」は政治文書であるが、レーニンは、ボリシェヴィキが混迷するのは哲学的にいえば弁証法が分っていないと考えたに違いない。ここでついでにいっておくと、ヘーゲルは、「対立物」はそれぞれの側に「自己矛盾」があることを把握することも弁証法であるとしている。少し先走ることになるが、革命の第二段階で臨時政府の側もソヴィエトの側も内部矛盾が激化し、分裂を起していく。ロシア革命はけっして昔話ではなく、社会変革をおこなううえで哲学のもつ重要性を痛感させるものがある。

ゴーリキーとレーニンの違い

ここでレーニンの考えがすぐ大衆的に認められたわけではなかったことは述べておかなければならない。二月革命は「戦争反対」によって勝ち取られたものであったが、先に紹介したようにプレハーノフが二月革命後は戦争の性格が変ったと述べた考えが広がっていった。国際的には、早くからドイツ社会民主党のカウツキーが「無併合の講和を!」のスローガンを打ち出していた。領土略奪の帝国主義戦争そのものには反対せず、「無併合の講和」というのは明らかな自己矛盾であった。レーニンは、これは「労働者をねむりこませ、なぐさめる」ものであると批判し（「『講和綱領』によせて」全集第22巻　１８８、１８９ページ）、「真に民主主義的な（無併合、等々の）講和をむすぶことのできるのは……プロレタリア政府だけであるという争う余地のない、真理を、なによりも、大衆に説明しなければならない」と主張した（「国際社会主義委員会およびすべての社会主義政党にたいする呼びかけのテーゼ原案」、全集第23巻、２２９ページ）。

　レーニンと論争もしたが親しい間柄であった作家のゴーリキーも、このカウツキーのスローガンに賛成していた。ゴーリキーは「私は、自分が出来の悪いマルクス主義者だということを知っています。それに、われわれ芸術家はみな、いくらか責任能力のない人間なのです」と書いた。レーニンはここまでいわれれば「これにはちょっと反論のしようもない」（『遠方からの手紙』、全集23巻、３６８ページ）と率直な戸惑いをかくしていない。レーニンは、ゴーリキーを「すばらしい芸術的才能」をもちロシアと世界の民衆を励ましてくれ「これからも貢献する」ことに「疑いはない」としつつ、政治的には「悲しく《ゴーリキー》なってくる」と述べた。しかしレーニンは、これは「労働者の一部のあいだにも非常にひろくひろまっている」考えであることを認めている（同前）。レーニンは、こうした異論を主張する人々を排斥するのではなく、根気強く、忍耐力をもって説得する態度をとった。多数者獲得はすぐできるものではない。

第三章　尽きない民衆のエネルギー

——3回の政府危機

二月革命後、臨時政府はなにもしなかったわけではない。池田氏が指摘しているように富裕者への課税強化、労働大臣の設置、工場運営に労働者を参加させる工場委員会の設置などもおこなった。ソ連崩壊後、8時間労働制は臨時政府が導入したものであったという説までが出回っている。

しかしこれは、労働者の強い要求によりペテルブルグの経営者協議会（臨時政府ではない）がペテルブルグ・ソヴィエトと8時間労働制の導入協定に同意せざるをえなくなったものであった。しかもレーニンは、「臨時政府は8時間労働日の実施を妨げ」、いくらかでも改善がはかられたとすれば、それは臨時政府が「ある程度まで（経営者協議会と）ソヴィエトとの直接の協定に依拠」せざるを得なかったからだと指摘している（「ロシア社会民主党《ボ》ペトログラード市協議会」、全集第24巻、145ページ）。トロツキーもこの問題を数ページにわたり詳細に論じ、現実には労働者が政府と資本家の妨害を蹴って「8時間の労働のあといっせいに工作機械から離れた」までのことであったと書いている（『ロシア革命史(1)』）。

二月革命後に国民的に解決されなければならない最も主要な課題は次の三つであった。①戦争をやめること、②地主の土地の没収、③憲法制定議会の召集、である。

しかし臨時政府はこの主要な課題を実行しようとはしなかった。そのため7月までに3回の「危機」が起こった。第1回はすでに述べたように4月20日と21日の危機である。これは臨時政府が引き続き戦争を続けるとしただけではなく、ミリューコフ外相が4月18日に連合諸国とのすべての約束（サイクス・ピコ秘密協定等）を守るという覚書を送ったことが契機となった。二月革命で発揮された民衆の革命的エネルギーは消えてはいなかった。明確に革命の第二段階が始まった。

臨時政府はこの新たな大規模なデモに恐れをいだき、「社会主義」派的様相を強めるために政府の大改造をせざるを得なくなった。「カデット、トゥルダヴィキ、エス・エルとメンシェヴィキで連合政府をつくることこそ国を救済することができる」という協定を結び、10名のカデットと6名の社会主義派からなる内閣をつくった。軍相にはケレンスキーが、農相にはエス・エルの党首・チェルノフがなった。メンシェヴィキも二人が入閣した。

新たな政府と第2の危機

この新たな臨時政府は5月5日に声明を発表し、「民族自決権にもとづくできるだけ早い全面講和」、「憲法制定議会までの土地の売買の禁止」、「生産と消費の国家的統制」を約束した。ここで述べておかなければならないのはメンシェヴィキの最終的態度である。メンシェヴィキは5月6日─12日まで全ロシア・メンシェヴィキ大会を開催し次の決議を採択した。「臨時政府への参加承認」、「臨時政府の無条件支持」、「戦線での兵士の交歓の禁止」(ロシア兵とドイツ等交戦国の兵士が革命後、戦線で交歓会をしていた)、「軍の戦闘能力の向上」(以上、マルトフの妻への『手紙』から。マルトフは亡命地から帰国するさい妻をスイスに残していたので頻繁に手紙を送っている)。

マルトフはこのことを非常に嘆いた。彼は、メンシェヴィキであったが戦争反対の立場をとった異色のメンシェヴィキであった。彼は帰国が遅れ、この大会決議が採択されたあと大会に参加し、決議に反対を表明した。「手紙」のなかでマルトフは、この決定は「即時講和の要求に関する明確な協定」もないのに「入閣することによって『戦争目的の再検討』をさせる」という「最終的馬鹿さ加減」のもとで採択されたものであると書いている。だが「党の分裂を避ける」ため党に残るが別の機関紙を発行することにしたと述べている(同前)。

こうした「好条件」も加わり、臨時政府は新たな約束も実行に移さなかった。そのため第2の危機が6月10日と18日に起こった。

臨時政府は、「早期全面講和を求める」としながら6月初めに全戦線での軍事攻撃を強化した。チェルノフ農相はエス・エルの農業綱領の一部でも実現させるため、「憲法制定議会までの土地の売買の禁止」を公約し善意から入閣したが、「私有財産は侵してはならない」というブルジョア的原則を主張するカデットの反対で実現できなかった。そのため彼は6月に内閣を辞任した。「生産と消費の国家的統制」はきかず、物価が激しく高騰した。

ボリシェヴィキは、今回はこうした状況のもとで「全権力をソヴィエトへ！」のスローガンを掲げ、10日に労働者、兵士にデモをおこなうよう訴えた。しかしエス・エルとメンシェヴィキが9日にデモをやめるよう強行に主張したため、ボリシェヴィキはデモを中止した。しかし10日に規模は大きくなかったがデモがおこなわれ、6月18日には首都で50万人がデモをおこなった。民衆のエネルギーを抑えることは誰にもできなかった。

参加者の多数がボリシェヴィキのスローガンである「全権力をソヴィエトへ！」を掲げた。明らかにペテルブルグではボリシェヴィキが多数派になりつつあった。このデモがどれほど臨時政府に激震をあたえたかはいうまでもない。チェルノフは、「ブルジョア諸政党との連合は社会主義政党の権威を崩壊させる。ロシアにおいては全ての社会主義政党の代表が入る同質の社会主義政府を創設することが問題となる」と述べる事態となった（チェルノフ『エス・エル党内の8人の指導者の思い出』、2007年、モスクワ）。各地で農民は政府の土地改革が待ちきれず、自ら地主の土地を没収し騒擾が頻繁に起こっていた。

第3の危機

第3の危機は7月3日と4日に起こった。7月2日に全戦線でのロシア軍の攻撃が失敗したことが報道された。ここでカデットは政府から脱退するという挙にでた。これには裏がありエス・エルとメンシェヴィキだけで政権を担当することはできず、カデットに政府に戻るよう呼びかけてくるであろうと計算していた。カデットはその際は労働者の武装解除（二月革命以来、労働者は武装していた）、革命の側に移った兵士のペテルブルグからの排除、ボリシェヴィキ党の禁止という条件をつけて戻ることにしていた。しかし7月3日に首都の兵士は臨時政府打倒を決議した。そして4日には自然発生的に再び50万人の労働者と兵士のデモが首都で起こった。

レーニンとトロツキーの合流

ここでロシア革命に関してどうしても述べておかなければない重要な出来事が起こった。この7月デモのころレーニンとトロツキーが「合流」したことである。第一次世界大戦がおこると世界の共産党は戦争に賛成し国際共産主義運動は崩壊した。トロツキーは「勝利でもなく、敗北でもなく」というスローガンをかかげた。レーニンはトロツキーのスローガンの「敗北でもなく」は「勝利」を意味するとして反対したが（「帝国主義戦争における自国政府の敗北について」、全集第21巻、278―279ページ）、トロツキーの考えの根底にあるのは帝国主義戦争反対という「国際主義」であると理解していた。そのためレーニンは「国際主義者」との「統合」を提案した。

ロシア社会民主労働党（ボ）第7回（4月）全国協議会は、レーニンの提案にもとづき「実際に国際主義の地盤に立っている諸グループと諸潮流との接近と統合は、社会主義を小ブルジョア的に裏切る政策と手をきることをもとにして、これをおこなうことを必要と認める」という決議を採択した（全集第24巻、300ページ）。このレーニンの提案もあり、また先方からの働きかけもありトロツキー・グループがボリシェヴィキと「統合」することが7月に決まった。これはロシア革命にとって大きな出来事であった。

ロシアにはボリシェヴィキにもメンシェヴィキにも反対という「メジュライオンツィ」（「地域間連合」といわれているが内容的にいえば「中間領域の人々」）という組織があり、二月革命後は首都ペテルブルグでボリシェヴィキに匹敵するほどの勢力をもっていた。400人の党員と4万部の新聞を発行していた（『手紙』より）。トロツキーは亡命から帰国後そこに入った。『ソ党史』はトロツキーがいるため「メジュライオンツィ」の実際の活動にはまったく触れていないが、そこには知的に高い優秀な人材が数多くいた。

こうして、トロツキーは十月革命ではレーニンとともに最高指導者となった。国際派メンシェヴィキのマルトフにも同じ提案がおこなわれた。しかしマルトフは趣旨には賛成としながらも、メンシェヴィキの党内事情を考慮し提案を受けなかった（先述）。ボリシェヴィキから離れていたルナチャルスキー（革命後の文部大臣）は、マルトフと同様に妻をスイスに残していたが「私はボリシェシヴィキと連帯せざるをえなくなった」と7月5日付けの妻宛の手紙で述べている。

トロツキー自身と1950年代後半に日本で生まれた「トロツキスト」とは明確に違う。私の経験では、「トロツキスト」自身がトロツキーのことを知らなかった。私も知らなかった。60年代初めにドイチャーのトロツキー『三部作』をよみ彼の実像を知った。いまでは多くの人々が混同はしていないと思うが、トロツキーを「悪者」と思う人がいないわけではない。誤りはいくつもあるが、ロシア革命の重要人物であったことは一度はっきりとさせておかなければならない。

ボリシェヴィキへの弾圧

ところで先述の7月4日の50万人のデモにたいし、ユンケル（士官学校生徒）、反動的なコサック部隊が発砲し多くの死傷者がでた。ツァーリの残党と結んだ超反動的なコルニーロフ将軍が最高司令官に任命されると弾圧は一層強化され、労働者と兵士の武装解除、ボリシェヴィキ党員の逮捕、機関紙印刷所の破壊がおこなわれ、レーニンにたいしては見つければその場で射殺せよという命令が出た。トロツキーは投獄された。レーニンは再び非合法活動を余儀なくされ、フィンランドとの国境にある村の農民の家の草小屋で生活せざるを得なくなった（後にフィンランドへ移動）。

こうして革命の平和的移行の可能性はなくなった。

レーニンは、「ロシア革命は平和的に発展するというすべての希望は、すっかり消えてしまった。軍事的独裁が勝利するか、それとも労働者の武装蜂起が勝利するか——これが客観的情勢であると述べた（「政治情勢」、全集第25巻、191ページ）。

第四章　暴力革命か多数派革命か

——都市と農村

十月革命は、レーニンが率いる少数の武装集団が夜陰に乗じて冬宮殿を襲い権力を奪取したクーデターではない。ペテルブルグ、モスクワなど10大都市ではボリシェヴィキが多数派となった。武装蜂起といえども多数者の支持のもとに成就させた革命である。それは先述したとおり臨時政府側にもソヴィエト側にも「自己矛盾」が拡大していったからである。物事はすべてが偶然に起こるのではなく、起こるべくしておこるものである。

7月事件後、カデットは内閣に復帰しケレンスキーが首相になった。一方、コルニーロフ将軍は軍事独裁政権を樹立することを目指した。その野望を知ると、ケレンスキーはコルニーロフを最高総司令官から解任した。しかしコルニーロフの野望は消えなかった。ここから両者の間で最高総司令官の座をめぐる確執と、革命鎮圧のための共謀という複雑な状況が生まれた。

コルニーロフは、ボリシェヴィキ党の粉砕だけではなくソヴィエトそのものを破壊することを狙い、8月25日に第3騎兵軍団を前線から戻しペテルブルグへ進撃を開始した。これにたいしてケレンスキーの臨時政府軍は労働者・兵士ソヴィエトからはもはや孤立しており、有効な反撃はできなかった。ボリシェヴィキを中心としたソヴィエトが軍を組織して反撃し、コルニーロフを9月1日に逮捕、「コルニーロフの反乱」と呼ばれる反革命を鎮圧した。

これは情勢を大きく変えた。「コルニーロフの反乱」を鎮圧できなかったケレンスキーは権威を大きく失墜した。カデットも力を落とした。ケレンスキーがカデット党首のミリューコフに、ボリシェヴィキを糾弾すると同時にコルニーロフの反乱も糾弾すべきであると提案した際、ミリューコフは両者の間には「本質的な差異がある。ボリシェヴィキの反乱は完全な無政府状態に陥れるものであるのにたいし、コルニーロフの計画はロシアを最終的な崩壊から救済することを目的としている」としてコルニーロフの軍事独裁を支持する態度をとった（『ペ・エヌ・ミリューコフ：歴史家、政治家、外交官』、２０００年、モスクワ）。これは「王制復古」でしかありえない。

また、ケレンスキーとカデットとに協力してきたエス・エルとメンシェヴィキもソヴィエト内での力を大きく落とし、ボリシェヴィキが明確に多数派を占めるようになった。

この力関係の変化に応じて9月27日、ペテルブルグ・ソビィエト議長にボリシェヴィキのトロツキー*が選出された（それ以前はメンシェヴィキのチヘーゼ）。

モスクワでもボリシェヴィキが多数派になった。9月25日にモスクワ区議会選挙がおこなわれた（ソヴィエトではない）。モスクワの人口はペテルブルグと同様に200万人であるが、農民との結びつきがペテルブルグより強い「小ブルジョア的」（レーニン）な都市である。ここでカデットはメンシェヴィキ「右派」と合流したものの得票絶対数で後退し（6万2000票しか取れず）、エス・エルとメンシェヴィキの得票率は前回選挙（6月）の70％から一挙に18％へと激減した。

勝利したのはボリシェヴィキだけで、得票数は3万4000票から8万2000票に、総投票数の47％を獲得した（レーニン「危機は熟している」、全集第26巻、69―70ページ）。ペテルブルグの模様はレーニンではなくすぐ後でマルトフ自身に語らせよう。革命直後の憲法制定議会選挙のことではあるが、ペテルブルグとモスクワでは、ボリシェヴィキはエス・エル、メンシェヴィキとカデットの合計得票数より4倍の票を獲得している。

＊レオン・トロツキー（本姓、ブロンシュテイン）は1879年、南ウクライナで生まれた革命家。彼は先述したようにレーニンと合流するまではつねにボリシェヴィキとメ

ンシェヴィキとの「中間」派の立場をとった。合流後は十月革命をレーニンとともに指導した。レーニン死後（1924年）スターリンと対立。1927年、党から除名、1929年、国外追放をうけ、1940年メキシコでスターリンの陰謀により暗殺された。

ペテルブルグ選挙とマルトフの嘆き

マルトフは10月9日付の妻宛ての手紙で次のように述べている。

選挙（ペテルブルグ区議会選挙のこと――引用者）でわれわれは負けました。2万4000票しかとれませんでした。労働者は「祖国擁護派」についていくことを断固として拒否しました。憲法制定議会選挙の結果を見ることにします（その結果が惨敗であったことはいま見たとおり――引用者）。いま私はドゥーマではなくソヴィエトで仕事をしています。私自身は国民とくに軍の内部で一定の支持を受けています。しかし大衆はメンシェヴィキを支持せず、「祖国防衛派」から直接その正反対者――ボリシェヴィキに移行することを選択しています。ボリシェヴィキは「単純で」、より敢然としていて、換言すればデマゴギーによってより広範な非文化的大衆に受け入れられています。そのため印象派の芸術家や即時の成功を望む人々が大量にわれわれを捨ててボリシェヴィキに移行しています。(物価が急速に高騰している)。労働者が非常識な賃金を要求したり、女中が60ルーブリを貫おうと、屋敷番が120ルーブリを要求しようと、それは「無政府性」の証明にはなりません。ごくごく稀に、そして大変おくれて外国の新聞を見ます。ヨーロッパから完全に切り離されたところで生活することに、ある種の貧困を感じます。(要約)

メンシェヴィキがいかに大衆からかけ離れたものになったたか、またヨーロッパの新聞を読んでいないと「貧困」を感じるという、「高尚」な人物と「非文化的」大衆との間にある巨大な違和を強く感じる。いくら「国際派」であっても、こういう「高尚」な人物にロシアという土壌で革命を指導することは絶対にできない。

なお農村ではエス・エルのほうが強く、ボリシェヴィキは多数派にはなれなかった。人口の80%が農民であることを考えれば、農村では「少数派」革命であった。「地主の土地の没収」、「土地は農民へ」はエス・エルと変らず、ボリシェヴィキも支持されなかったわけではなかった。しかし、提唱していた農村の社会主義化政策には検討されなければならない問題点があったとはいえる。この問題は今日の問題として第六章で述べる。

もう一度、統一を訴えるレーニン

レーニンは、危機は熟しており、「いまならボリシェヴィキは、蜂起の勝利を保障されている」という認識を9月の段階でもった（「危機は熟している」、全集第26巻、73ページ）。しかし直ちに武装蜂起をおこなおうとはしなかった。コルニーロフを鎮圧した現在の「きわめてまれな」歴史的瞬間に、エス・エル、メンシェヴィキが臨時政府との関係を絶ち「全権力をソビィエトへ」の立場に立てば、われわれの政府を「平和的につくり確立することができるであろう」とし、共同で「平和的に前進」しようという提案を、もう一度、エス・エル、メンシェヴィキの両党におこなった（「妥協について」、全集第25巻、335ページ）。しかし両党は臨時政府との連合に固執した。

権力を掌握できるのにしようとしない党は「政党の死」を意味する。レーニンは「権力を獲得する可能性があるのに権力の掌握をあきらめるような政党があるとすれば、総じてそんな政党は……生存権をもたず、政党とはみなされるに値しない」と述べている（「ボリシェヴィキは国家権力を維持できるか?」、全集第26巻、77ページ)。

エス・エルのチェルノフは「同質の社会主義政府」を考えるようになっていたが、実際にはボリシェヴィキを排除したわけである。この問題はペレストロイカ期からソ連の歴史学者のなかで、レーニンがもう少し「譲歩的」になっていれば成功したのではないかという主張が現われ論争になった(『1917年十月　偉大な出来事か社会的破局か』、1991年、モスクワ)。少し先の話になるがボリシェヴィキが武装蜂起を決定し、それに反対したジノーヴィエフ、カーメネフがそのことをメンシェヴィキの新聞に発表したとき、メンシェヴィキの幹部であるダンが二人に「同質の社会主義政府」の交渉を開始するよう提案した。このときのメンシェヴィキの狙いが、武装蜂起をやめさせることだけにあったことは明白である。チェルノフは「遅すぎる」、「鬣《たてがみ》を摑めないなら、尻尾はもっと摑めない」といったとのことである(同前)。十月革命直後のことであるが鉄道従業員組合がボリシェヴィキを含めた「同質の社会主義政府」を提唱したが、レーニンとトロツキーの入閣は許さないという条件付のものであった(エヌ・ベルト『ソヴィエト国家の歴史』。ベルトはフランス人のロシア革命研究家であるが非常によく観察した興味ある本である)。レーニンに統一戦線の思想があったことは確かである。

ヘーゲル*の弁証法がいうとおり、臨時政府側は「コルニーロフの反乱」という形で「自己矛盾」を露呈し、ソヴィエトの側はボリシェヴィキの呼びかけをエス・エル、メンシェヴィキが最終的に拒否するという形で、以前からあった「自己矛盾」を明確化した。

*フリードリヒ・ヘーゲル（1770年−1831年）は、ドイツ古典哲学の代表者。彼は観念論者であったが、自然と歴史の存在を認める客観的観念論者であり、とくに弁証法をもっとも包括的に叙述した最初の哲学者である。マルクスはヘーゲルが「頭で立っている」のを「足で立たさせ」なければならないと批判したが、マルクス、エンゲルス、レーニンに多大な影響を与えた。

民主主義会議について

しかし、エス・エルもメンシェヴィキも新しい力関係にどう対応するかを検討せざるを得なかった。そのため9月14日から22日まで、ソヴィエト大会ではなく「全ロシア民主主義会議」というのを開いた。会議はソヴィエト、労働組合、地方自治体、協同組合、民族組織等々と、希望する諸団体から構成された。レーニンは反対であったがボリシェヴィキも入った。さらに会議のなかから憲法制定議会が開かれるまでの「臨時共和国会議」、別名「予備議会」というのがつくられた。

民主主義会議が開かれると、これまで「ロシアを救える」大物政治家といわれてきたケレンスキーが突然現われ、発言を求めた。しかし野次が飛び、雄弁家のケレンスキーも演説をうまく纏めることができないまま演壇から降りた（前掲『ケレンスキー』）。

会議ではなにが討論されたのであろうか。ボリシェヴィキ代表の一人として会議に参加したトロツキーが簡潔に纏めている。

①「権力を掌握する勇気がなく、連立には賛成だがカデットとは困る」、②「ケレンスキーを支持し、いかなる制約もないブルジョアジーと連立する」、③「ソヴィエト政権の樹立、④「同質の社会主義諸党政府」という意見がだされ、4派に分かれた（トロツキー『ロシア革命史⑷』）。

投票の結果、連立に賛成「（①と②」が766人、反対「③と④」が688人、棄権が38人であった。「連立派が多数をしめたが、両陣営は拮抗していた！」（トロツキー、同前）。いずれにせよ、民主主義会議は「民主勢力」なるものがバラバラであり、「無駄な時間を過ごした」という印象が残っただけであった（前掲『ケレンスキー』）。

そこで会議の最終決定は「議長団に一任する」ことが決まった。しかし議長団は、ケレンスキーを失えばボリシェヴィキが権力をにぎるのは明白であり、それはなんとしても阻止したいと考えた。結局、ケレンスキーが組閣することになった。ケレスキーは6名のカデット、2名のメンシェヴィキ、1名のエス・エル、多くの無所属からなる連立政府をつくり自らが首相となった。しかしこの内閣はケレンスキー以外に有名人は誰もおらず、影の薄いものであった。

一方、「予備議会」のほうは10月7日に開かれたが、トロツキーは「全権力をソヴィエトへ」と叫び議会から脱退した。非合法状態におかれていたレーニンは「でかした。同志トロツキー！」と叫んだ（「政論家の日記から」、全集第26巻、46ページ）。「全権力を民主主義へ！」という叫びも起こったが、「民主主義」とは実体のない「理念的」なものであり、ボリシェヴィキを権力につかせないというだけのものであった。

武装蜂起は「多数者」獲得なしにはできない

レーニンは民主主義会議がどのような性格をもったものか、結果がどうなるかを予測しており、9月半ばに2通の手紙をボリシェヴィキ党中央委員会に送って武装蜂起を決定するよう提起した（「ボリシェヴィキは権力を掌握しなければならない」、「マルクス主義と蜂起」、ともに全集第26巻）。詳細は割愛するが、これがすぐ受け入れられたわけではない。先述したようにカーメネフとジノーヴィエフの二人が反対した。カーメネフは手紙そのものを焼き捨てるよう主張した。しかし、10月9日にはペテルブルグ・ソビエトが武装蜂起を指導する軍事革命委員会をつくり、トロツキーを議長に選出した。十月の武装蜂起はレーニンとトロツキーを最高指導者としておこなわれた。

レーニンは、蜂起は「人民の革命的高揚に依拠しなければならず」、「人民の多数者がわれわれについている」場合にのみ成功すると指摘している（「マルクス主義と蜂起」、同前、7、9ページ）。トロツキーは一九〇五年革命のとき以来、「武装蜂起とは軍隊を獲得するための闘争である」といっている（「総括と展望」、『第二期トロツキー選集　2』）。

ボリシェヴィキ党はペテルブルグのいたるところで集会を開き、武装蜂起の党の立場を労働者・市民に説明し支持を訴えた。トロツキーは「ペテルブルグ全体が一面に集会と化した」と書いている（『ロシア革命史⑷』）。軍隊の説得活動もおこなわれ、臨時政府がいる冬宮殿の真裏（ネバ川を挟んで）にあるペトロパブロフスキー要塞の軍隊の説得にはトロツキー自身が行き、革命の側に獲得した。

こうして労働者と兵士は二月革命のときと同様に首都の公共施設を掌握し、民衆の多数を革命の側に獲得した。民衆とも軍とも話し合いその支持を得ておこなった武装蜂起を、どうして「少数者の陰謀」といえるのであろうか。

レーニンは、蜂起が成功するのは間違いないと判断し、10月24日に蜂起することを決定して夜には冬宮殿を包囲した。25日朝、ケレンンスキーを含め臨時政府の閣僚の多くは逃亡し、臨時政府は崩壊した。残っていた閣僚を逮捕して冬宮殿を完全に攻略するために攻撃を開始し、25日夜半までに冬宮殿は完全に陥落した。死者は数名であった。

ボリシェヴィキは、最初は少数派であったが戦争に反対する立場を貫きロシア民衆の心を摑み、ロシア十月革命を成功させたのであった。世界最初の労働者と農民の革命政権は直ちに「平和の布告」を発し、「全ての交戦国」が「ただちに休戦協定をむすぶこと」と「無併合、無賠償の即時の講和」を呼びかけた。

レーニンは、カウツキーのスローガンとは違い、「労働者と農民の政権なら無併合、無賠償の講和をなしうる」という確信をもって呼びかけたのであった。同時に土地を農民に与える「土地の布告」を発表した。

十月革命はロシアを第一次世界大戦から離脱させ、戦争そのものを終結させる契機となった。臨時政府が8ヶ月かけてもやれなかった「地主の土地」の没収を数週間でやりとげた。これがロシア十月革命である。

「弁証法」とレーニン

池田氏は「レーニンは現状の力関係から出発せず、より『弁証法的』に考え」、「自分自身が動くことで、力関係に変化を及ぼし、展望を変えていくことができると考え」て、カーメネフとジノーヴィエフの反対を押し切り武装蜂起をおこしたと述べている。十月革命はこのように「力関係」を無視した革命だったのでその後、憲法制定議会の解散、内戦等々がおこり多数の犠牲者がでたとし、カーメネフ、ジノーヴィエフの力関係の読みのほうが正しかったと主張している。

しかし、弁証法は「力関係を無視」するものではない。事実の問題としてボリシェヴィキが大都市で多数者を獲得したのでレーニンが決断したことはみたとおりである。弁証法は個人が恣意的に望むことを何でも実現できることを説く学説ではない。これまでみてきたとおり、「革命」という「飛躍」は「量的変化」のうえに成り立ちうるものである。氏はカーメネフは「柔和だが芯の強い」人物、ジノーヴィエフは「元来臆病者」であったといっている。そうかどうか、私は彼らの個人的性格まで知らない。レーニンは病に倒れたとき今後の党指導部のことを案じ、1922年末にボリシェヴィキ党の指導者の人間的資質に言及した「大会への手紙」を書いているが、この二人についてはなにも述べていない。ただ二人が武装蜂起に反対しかつそれをメンシェヴィキの新聞に発表した「十月のエピソード」で、「個人的に彼らを責めてはならない」とだけ述べている（全集第36巻、703ページ）。どの組織にもいつでも反対者の一人や二人はいるものである。

今日の自由と民主主義、議会制民主主義が存在する条件のもとで、武装蜂起によって権力を掌握することを疑問視する意見が生まれても不思議ではない。しかしその立場からロシア十月革命に「有罪」判決をくだし、反動の巻き返しに「無罪」をいい渡すことは公平ではなく、歴史とは何かを無視するものである。「歴史主義」という概念は否定的・非積極的意味に使われることがあるが、私は「歴史的感覚」はもつべきであり、非難されるべきものではなく、むしろ歴史のなかで命を賭して闘った人々への敬意の念の表明であると考えている。

「弁証法」というのであれば、ロシア十月革命は弁証法の否定（ツァーリの打倒）の「否定」

（ブルジョアジーの打倒）としての「肯定」（新しい社会）を実現した偉業であり、20世紀初めの戦争で痛めつけられ怒りに燃えたロシアの民衆が生んだ嫡出子である。

必要な史的唯物論の検討

それにしても、メンシェヴィキとエス・エルは臨時政府と連合して、なぜ革命の進展にここまで反対しつづけたのであろうか。「互いに譲り」あう精神をもっていたからであろうか。それではずるずると「向こう側」にもっていかれるだけであったことはこれまでみたとおりである。

「日和見主義」とかいうレッテルを貼って政治的に断罪したくない。史的唯物論の問題として理論的に一言のべたいことがある。メンシェヴィキにはマルクスが史的唯物論を定式化した『経済学批判　序言』の公式（生産力が十分に発展しきるまではけっして古い社会に新しい社会がとって代わることはできない）が「教条体系」として硬い骨のようにつくりあげられていた。プレハーノフのことは先に引用したが、国際派であるマルトフも妻につぎのようにいっている。

問題は経済的・文化的に遅れた国に社会主義を植えつけることは馬鹿げたユートピアであるという深い信念です。アジア的土壌にユーロッパ的理想を植えつけようとしている事実によって引き起されている階級闘争のプガチョフ的理解に甘んじることは生物体としての私にはできないということです！

（１９１７年12月17日付手紙）

そうであれば、マルトフはロシアの資本主義的発展を促進する（いくらプレハーノフのように「民主的発展」という言葉をつけても）立場に立つ以外ないということになる。マルクスの『序言』とはこういうものなのであろうか。それでは資本主義の十分発展したいまの先進資本主義でなぜ新しい社会体制が生まれないのであろうか。

レーニンは別の考えをもっていた。史的唯物論を否定するわけではないが、それを機械的に「教条化」するのではなく、労働者の権力を打ちたててそのあとからヨーロッパの水準に追いついていってなぜ悪いのかという立場に立っていた。ここでは別の機会に譲らざるを得ないが、レーニンは『序言』を引用するさい、〝生産力が十分発展しないかぎり新しい生産関係はうまれない〟という肝心なところを避けていた。

エス・エルが反対した理由は現実のものとして理解できるように思う。農業・農民政策で大きな違いがあったからである（それが臨時政府に固執する口実にはならないが）。結局レーニンが権力を獲得したとき発した「土地の布告」の内容はエス・エルのものであった。それが実施されていくとエス・エル左派はソヴィエト政権に閣僚を送り込んだ時期がある。マルクス主義の農業政策も史的唯物論に関係している。いずれにしろ史的唯物論の検討は深化させなければならない課題である。

なぜソビィエト政権は持ちこたえることができたか

ところで、ルナチャルスキーは１９１７年10月27日付の妻への手紙で「権力奪取は容易であることが分りましたが、権力を維持するのは！」と大きな疑問を投げかけている（『手紙』より）。しかしソヴィエト政権は持ちこたえた。なぜであろうか。

１９１８年夏からイギリス、フランス、アメリカがソヴィエト政権打倒の大規模な干渉戦争を始め、それと結びついて打倒された旧支配層が反革命の内戦を開始した。ロシア革命で多くの犠牲者がでたのはこのときである。レーニンも相当の「荒療法」をとらざるを得なかったことは事実であるが、先述したように反動の干渉軍と反革命軍に「無罪」の判決を言い渡すことはできない。

この干渉戦が失敗し干渉軍が全面撤退をしたのは１９２０年夏である。日本人が忘れてならないのは、日本もシベリア出兵をおこない、最高時には7万３０００人の軍を派遣してバイカル湖方面まで占領したことである。こうした状況にもかかわらず内戦にも勝利し、ソヴィエト政権は維持できた。レーニンは１９２１年12月の「第９回全ロシア・ソヴィエト大会」でいくつかの角度からその要因を分析している。レーニンが述べている順序にしたがっていうと次のとおりである。

第１に「帝国主義戦争と関連した諸矛盾の深さ＊」が客観的な国際情勢を規定していることである。その諸矛盾とは帝国主義国家間でおこなわれる「帝国主義的屠殺」と「帝国主義列強のあいだに生じた紛糾」である。われわれはこれらの矛盾をうまく利用した。これによって国際関係に「疑いをいれない均衡が生じた」からである（「第９回全ロシア・ソヴィエト大会」、全集第33巻、１３７―１３８ページ）。

＊戦争終結をめぐるドイツとイギリス・フランスとの矛盾、アゼルバイジャンのバクー油田をめぐるイギリスとトルコの矛盾等々のこと。

第2に「われわれがあてにしていた」ところの「全世界の勤労大衆」の「すばやい、直接の、じかの支持」ではないにしろ、「われわれにもっとも敵意をいだいている国々をふくめて、全世界の勤労大衆が……われわれに寄せた共感」と「支持」である。これこそ「もっとも決定的な源泉、決定的な原因」である。この「支持と共感」はわれわれの敵があらたな「襲撃」をわれわれにおこなうことが「不可能とはいわないまでも……非常に困難になっている」(同前、138−139ページ)。レーニンは別のところだが、干渉戦のとき「フランスの兵士やイギリスの海兵は、自分の兄弟を抑圧するためにすすもうとはしなかった。……(だから)この4年間にわれわれは、前代未聞の奇跡をなしとげることができた」と述べている(「十月革命4周年を記念するポロホロフ紡織工場の労働者集会での演説」、全集第33巻、108ページ)。同様の実例をレーニンは幾つも挙げている。

第3は「社会主義共和国が資本主義的包囲のなかで存立」できる要因として「経済的取引」があることである。「わが国の通商関係は発展しつつある」。これは「全世界の一般的な経済関係である」(同前、146、148、150ページ)。

レーニンはこう分析し、1921年は勝利したソヴィエト政権が「社会主義建設の土台をおくことに、いくぶんでも力をそそぐことができた最初の年である」と述べている(同前、１３６ページ）。

これがロシア革命の太い大筋である。十月革命はスターリンの犯罪的誤りとソ連崩壊にもかかわらず、失われることのない意義をもっている。

第五章　十月革命をどう定義するか——現代ロシアでの討論

これで2月から10月までの過程を終え次の諸問題に移りたいと思う。まず第1に私がこれまで「ロシア十月革命」とだけ書き「十月社会主義革命」とはいわなかった問題である。それは、ソ連が崩壊してから自分でも考えるところがあり、また現代のロシアのマルクス主義学者の間で議論があるからである。ただその議論に入る前に、いまのロシア社会一般でロシア革命がどのように受け止められているかを一瞥しておきたい。マルクス主義学者の意見も大なり小なりそのなかで形成されているからである。

ロシア革命についての一般的世論

ソ連崩壊後の現在のロシアでは十月革命について四つの潮流がある。一つは伝統的なものである。1917年2月にツァーリ専制を打倒した二月革命をひきつづき社会主義革命へと発展させたのが十月革命であるとする見解である。これは『ソ連共産党史』がとるいわば「伝統的」な見解である。

二つ目は、二月革命は「偉大な」革命であったが、その後はロシアを資本主義的・議会主義的に発展させるべきであったのに、レーニンが「低劣な大衆の本能」を利用して、それを暴力的クーデターによって阻止してしまったのが十月革命である、とする見解である。そのためロシアは「破局」に陥ったとする。これはソ連崩壊後に生まれた資本主義擁護の「自由主義」思想を唱える人々の見解であり、いまロシアで最も有力で多数を占める十月革命論である。

三つ目は、「保守的」見解であって、そもそも二月革命をも否定する主張である。ロシアは「ロシア的文明」のうえに「ロシア社会」をつくるべきであったと主張する。「保守的」というのはソ連崩壊後にロシア正教会を中心として形成されている、いわばソルジェニツィン*的社会思想のことである（以上、ベ・カラシニコフ＝ペテルブルグ電気大学教授＝「二月革命から十月革命へ」、『頂点』収録より）。

私見ではもう一つの流れがある。『頂点』に表われている潮流である。そこに登場する学者たちのなかでも意見の相違がさまざまあるが、第一の「伝統的」な潮流を鵜呑みにせず批判的に分析し、ロシア十月革命の積極面とその後のソ連社会の否定さるべきものを多角的に検討して新しい社会主義の展望を開こうとする潮流である。

そのほかにスターリンには誤りはなかったとして「大ロシア大国主義」、「国家主義」を賛美する「ネオスターリン主義」の見解があるが、これは問題にならない。

＊アレクサンドル・ソルジェニツィンはソ連時代に『ガン病棟』、『収容所列島』などを書きスターリン時代のソ連社会を痛烈に批判したことで有名になった作家。１９７０年にノーベル文学賞を受賞。１９７４年に国外追放。「ペレストロイカ」が始まり１９９１年９月に追放法令は解除された。思想的には保守的で強烈な「スラブ主義」の持ち主。

現代ロシア・マルクス主義学者の諸見解

こうした社会的背景のもとで、現代ロシアのマルクス主義学者が十月革命は「なに革命」だったかを討論している。これまでも個別にいろいろな文献を読んでいたが、好都合なことに「ロシア十月革命は社会主義革命だったか」という円卓会議の討論が『頂点』にでている。そこでの主要な意見を紹介する。

ボォエイコフ教授（ロシア科学アカデミー経済研究所政治経済学部門長）は、ロシア革命とは

1905年のツァーリ打倒の民主主義革命から始まり、1921年の内戦終了による本格的な社会主義建設の始まりまでの全過程を指すものと捉えるべきであり、十月革命はそのなかでの権力闘争の1コマにすぎないクーデターである、としている。あえていえば「ブルジョア革命」であると主張している。

これにたいしヴェ・スラービン教授（哲学博士、モスクワ教育大学）は、いまプーチン大統領やその他の自由主義者が「ロシア十月革命」という言葉を使うこと自体が「欺瞞」であり、「革命そのものがなかった」といっている状況のもとで、ボォエイコフは思想的に負けている。十月革命はそれ以前の革命では解決しえなかった諸課題を解決した偉大な革命であったとし、「社会主義革命」と規定している。

ベ・テ・ロギノフ教授（歴史学博士）も、十月革命はあらゆる意味で「反ブルジョア的性格」をもっており、スラービンと同様に十月革命は「社会主義革命」であったと主張している。

ア・イ・コルガーノフ教授（モスクワ大学経済学部）は、十月革命は政治革命としてはプロレタリア革命であったが、社会革命として掲げた諸課題は民主主義的課題であった。そうであればブルジョアジーは革命を妨害する必要はないはずであるが、逆に弾圧する側にまわった。したがって十月革命は「ブルジョアなきブルジョア民主主義革命」であった、と主張している。

ブズガーリン教授は、コルガーノフ教授とともに仕事をし共同論文も書いているが、十月革命はたしかに社会革命としては民主主義革命の課題を掲げたが、同時に非資本主義的な、したがって社会主義的諸要素を萌芽として含んでおり一義的に「ブルジョア革命」とも「社会主義革命」とも規定できない、としている。

デ・ベ・エピシテイン教授（経済学博士、ロシア科学アカデミー農業経済と組織研究所）は、マルクス、エンゲルス的にいえば当時のロシアで社会主義をつくることはできず、メンシェヴィキが正しかったと主張する。しかし十月革命はボリシェヴィキが指導した革命である。レーニンとボリシェヴィキはマルクス、エンゲルスの理論にもとづいているが、ロシアの革命的伝統に立っておりラジカルな性格をもっている。大都市ではボリシェヴィキが圧倒的に強くなり労働者を結集し革命を成功させた。したがって「社会主義革命」と規定してよい、と主張している。

おおよそ以上のような討論がおこなわれている。

この討論とは別に、ベ・エヌ・ミローノフ教授（モスクワ国際関係大学）は、十月革命はマルクスに反する「社会主義革命」であったとしている。ロシア革命を推進してきた人々は社会主義思想をもっており、それにもとづいて革命をおこなったので「社会主義革命」であった。しかしロシアはアジア的生産様式が強固に確立した社会であり、十月革命によってできた社会はマルクスがいっていた「アジア的生産様式」にもとづく「位階制国家」であった。構造的には古代エジプト、メソポタミア的な国である。ここに十月革命の悲劇があると主張している（「十月革命の悲劇」、『21世紀の社会主義』収録、２００９年、モスクワ）。ここまかくみればその他種々の見解があるが割愛する。

私の考え

私は「十月革命」を規定する場合、ミローノフ教授のようにその後のスターリンの誤りや、30年代に形成されたソ連社会をどう規定するかによって、いわば「後知恵」的に原点を振り返るのは正鵠を射た考えではないと思っている。またマルクスの基準に合わないといって、すべてのことがらをマルクスからみるというのは一種の教条主義だと考える。

私の結論をいうならば、十月革命はプロレタリアートが農民と同盟して権力を掌握した革命であり、政治的には「プロレタリア革命」（社会主義革命）といえる。社会変革の内容としては、地主の土地の没収や8時間労働制・全般的社会保障の導入など民主主義的諸課題を実現する「ブルジョア民主主義革命」であった（私は、いま8時間労働制・社会保障制度などは先進資本主義国でも酷い歪曲を受けているとはいえ実現されているので民主主義的課題といっているのであって、当時では社会主義政権でこそ実現できたものであることは指摘しておきたい）。この民主主義的課題を実現した階級がブルジョアジーではなく労働者を中心とした勢力であり、彼らが社会主義思想をもっていたので「社会主義」へと前進していくことができた革命であった。したがって十月革命後の展開を含めて、総じて「社会主義革命」あるいは現在、日本で使われている用語として「社会主義をめざす革命」であったといえる。これは実際に革命を成功させたレーニンの考えと一致するのではないかと思う。

レーニンは『遠方からの手紙』でも「4月テーゼ」でも、さらに十月革命をまぢかにして9月に書いた論文「さしせまる破局、それとどうたたかうか」のなかでさえも、革命後導入する経済諸方策は地主の土地の没収、飢餓との闘争のための統制・記帳・監督、またそのための銀行の統制あるいは国有化とシンジケートの国有化などであり、社会主義を「導入する」ものではないと言明している。それを「社会主義的方策だ！」というのはエス・エルやメンシェヴィキがボリシェヴィキを攻撃するためのものだといっている（「さしせまる破局、それとどうたたかうか」、全集第25巻、383―384ページ)。

いま日本では「国有化」といえばそれだけで「社会主義」と思う人が多いが、資本主義のもとでの民主的国有化というものはありうるばかりか、「科学的社会主義」の必読的入門書とされているエンゲルスの『空想から科学へ』のなかで、資本主義の枠内での民主的国有化の重要性が強調されている。レーニンが一定の国有化が民主主義的方策であるとしているので、その補足のためにこのことを述べている。

レーニンは革命から4年後に書いた1921年の「十月革命4周年記念」論文でも、十月革命を政治的には「プロレタリア革命」といい、社会変革の内容からは「ブルジョア民主主義革命」であったといっている(「十月革命4周年によせて」、全集第33巻、37ページ)。1922年の革命5周年記念にあたっても「十月革命」としかいっていない(各種論文・演説)。レーニンが十月革命を「社会主義革命」と規定したことがあるのか、あるとすればいつからか、私は調べてみたが分らない。「ソヴィエト社会主義政権」が社会主義建設をすすめているということは随所でいっているが、1917年10月25日の革命の性格付けについては調べたとおりである(なおレーニンは「プロレタリア革命」《社会主義革命》という言い方をしている場合もあることは付言しておく)。

しかし「さしせまる破局」のなかでも、民主主義的課題の遂行は「社会主義にむかっての一歩あるいは数歩を意味する」と言明し、社会主義革命との関連性を排除することはしていない。問題は「一箇所に足ぶみ」するか「前進する」か「これこそ歴史の弁証法」であるといっている（前掲「さしせまる破局……」、385、386ページ）。また「ブルジョア民主主義革命」と「社会主義革命」との間は「万里の長城でへだてられているのではない」とも述べている（前掲「十月革命4周年」、386ページ）。

民主主義革命と社会主義革命の連続性あるいは非連続性は、各国の国民の意識と合意にかかわる極めて政治的問題である。客観的には社会主義を求めていても国民合意がなければ「前に進め」ない。いま日本でもヨーロッパでも社会主義を望む世論はない。したがってこの問題でレーニンから推測した一般化を試みるつもりはない。

第六章　なぜロシア革命は変質したか

――秘密警察がみた農村の実体

次の問題はロシア十月革命が変質したことである。十月革命をどう規定しようともロシアが資本主義とは違う新しい社会をめざして前進していったことはたしかである。しかしスターリンによってそれが変質させられた。そこでスターリンの悪行・犯罪を次々と書くことは容易である。しかしより根本的には何があったのかをみておきたい。

ロシア革命が変質したのは農村・農民問題にあったというのが私の考えである。十月革命それ自体は政治権力掌握の問題であった。それから本格的に開始されるのが経済社会の変革である。そこで決定的に重要なのはロシアの人口の80%を占める農民問題である。

ロシアに革命思想が生まれた原点は、封建制のもとにある農奴が苦痛をともなう資本主義の道を通らずに直接、社会主義に移行するという「ナロードニキ」主義にあった。レーニンは、これは社会発展の法則性を無視するものだとして批判していた。十月革命が起き地主の土地を没収したことは大きな歴史的意義があるが、富農、中農、貧農、農業労働者がいる農村・農民問題はまだ解決されていない。まずは富農中心の資本主義の発展の道を進むのか、それとも農業の社会主義的発展の道をすすむのかが鋭く問われることとなった。ボリシェヴィキは「ナロードニキ」主義を批判していたが、十月革命後、現実的には「ナロードニキ」の立場に立たされることとなった。

一、ネップをめぐって

三者三様の見方

レーニンは、ネップ（都市と農村を市場経済を通して結ぶという新経済政策）によって農民との同盟関係を維持し、徐々に農民を協同組合に組織しながら「一時代」をかけて社会主義へいくとし、実際にその道を実行した。「一時代」とはどれほどのものかは、レーニンは述べていない。トロツキーは、ロシアで農民が社会主義を望むまで待っていればロシアの社会主義は「21世紀か22世紀のこととなる」といった（「総括と展望」、『第二期トロツキー選集2』収録）。ブハーリンは、ネップを一層「発展」させ「資本主義の道」をすすむことをあえて否定しなかった（『ブハーリン選集』、１９８８年版）。

ロシアでの社会主義建設に必要であったのは労働者を含む全ての国民の「文明化」であった。それと農民・農村問題をどう解決するかは経済社会の変革問題としては決定的であった。

スターリンは結局、農民の納得のうえで農業の集団化をおこなうという「マルクス主義的原則」を破って暴力的集団化をおこなった。これは明白な誤りであった。しかし十月革命とソ連が変質したのはそのためであるという「概念的把握」を私はあまり好まない。私はスターリンを最も激しく糾弾するものであるが、スターリンはそれほど「無知」ではなかった。この問題を検討するためには、ネップ期における農村の実体がどうであったかをみることが不可欠である。

秘密警察が見たネップ期の農民の実体

十月革命は、地主の土地を没収して農民に均等割りで分配し、全体として農民が中農化したことはたしかである。レーニンが導入したネップは、内戦で荒廃したロシアの国民経済を復興させるうえで大きな成果をあげた。農村も活気づいた。地主の土地の没収、市場経済の導入が正当な道であったことはたしかである。

しかし、市場経済の導入によって経済が活性化すると同時に農村の階級関係が変っていったこともたしかである。レーニンはネップ導入から3年後に死去し、その後の展開を見届けられなかった。ネップ期の実体分析をするうえでの重要な文献として、ソ連崩壊後に出版された『「反革命取締非常委員会」、「合同国家保安部」、「内務人民委員部」の見たソヴィエトの農村。1918年―1939年。文書と資料』全4巻がある。＊極めて大部なものであるが、ネップの成功を確認しつつ、ある時期以降、富農と貧農の階級分化が進み各地で武力闘争がおこる事態になっていることを報告している。

＊スターリン体制の成立過程を克明に研究した渓内謙氏の『上からの革命』（岩波書店、2004年）でもこの資料が使われているが、その範囲は穀物調達危機が起こる1927年、1928年以降の部分である。

この「文書と資料」には、農業生産に関することとともに「農民の政治的気分」が常に書かれている。秘密警察の最大の任務は民衆の気分と動向を調べるところにある。したがってロシア共産党よりよく事情を知っている。この農民の「政治的気分」というのは、ただ農村の階級区分で決まるのではなく、ロシアの伝統的な「農村共同体」と結びついて形成されるので単純な階級観では割り切れないものがある。「農村共同体」は農民の自治組織であり、必ずしも富農が長をつとめるものでもなく、昔から権力の横暴の「防波堤」ともなった絆の強い組織である。こうしたことを念頭に入れて年毎にどういう気分だったか少し追ってみることにする。対象とする時期は秘密警察といってもスターリンの直接指揮下におかれていたわけでないときのことである。

評判のいいネップ

(1) 1921年。ネップが開始された1921年の6月4日付「反革命取締非常委員会」報告

食糧税にたいする住民の態度は好意的である。播種カンパニアは正常である。経営を改善・拡大しようとする農民の志向が認められる。

食糧税とはネップ以前の「戦時共産主義」時代に農民の余剰生産物は全て強制徴収されていたのにたいし、余剰生産物の一定部分だけを税金として払うようになった税のことである。

その年を締めくくる12月31日付報告

農民の気分は平静である。ただ「食糧不足」、一部では「飢餓」が原因で農民の「気分は不満」なところもある。「食糧税は入ってきているが、武力に訴えて（拒否する）ところもある。

⑵１９２２年。５月29日付報告（オルロフ県について）

中農と富農の気分は定められた課税のため不満足である。貧農の気分は良い。ソヴィエト政権への（前者の）態度は不快である。協同組合にたいしては消極的。反ソヴィエト諸党にたいしては好意的である（十月革命後、共産党以外は禁止され一党独裁になったとしばしばいわれるが、それは違うことが分かる――引用者）。貧農のソヴィエト政権への態度は好意的、反ソヴィエト諸党へは敵対的である。

（以上、第1巻より）

(3) 1923年。「国家政治保安部」（ゲペウ）* のシベリアに関する1923年1月4日付報告

農民の政治的気分は不満足である。ソヴィエト政権とロシア共産党への態度は敵対的である。徴税士と地方権力者の未納税者へのかく乱者的態度と抑圧のためである。

＊ソ連の秘密警察はしばしば改組された。次に「オゲペウ」が登場する。それがまた「エヌカベデ」、「カゲベ」等となる。スターリン時代でなくとも改組が続いた。筆者は一度なぜかを研究してみたが詳細は不明である。

3月20日付のプリボルジィエ（ボルガ川沿岸地域のこと）に関する報告

この地域の飢餓はそう酷くはなかった。農民は自分の経営再建のための極めて大きな努力を払っている。しかしこの努力は僅かな余剰では工業製品を買うことができないた

め制約されている。農民は馬を買いたがっている。そのため自分の家畜を売っているが馬の値段があがり家畜も馬も失っている。復員兵士は生きる手段を失い富農に雇われざるをえなくなっている。

この種の「一方でいい他方で悪い」の報告が延々と続くが、1924年に二つの極めて興味ある報告がある。一つはレーニンの死に関してであり、もう一つはオゲペウ（合同国家保安部）議長・ジェルジンスキーの全般的報告である。

レーニンの死について

(4)1924年。レーニンの死についての1924年1月27日よりは遅くない日付の「オゲペウ」の報告（ニージェ・ノブゴロド県について）

農民が多く集まる宿屋の屋外や喫茶店での会話から分るのは、農民の多くは同志レーニンの死を悼んでいること：指摘できるのは、多数の農民がレーニンなしで今の共産党員が建設（社会主義の）の仕事をこれからも続けられるのだろうかという不安である。若干の者は〝おそらくトロツキーがレーニンの席に着くだろう〟といい、〝もしトロツキーがレーニンの席に着いたら、いまのような生活はおそらくできなくなるだろう〟といっている。他の者は〝レーニンの助手はカリーニンであった。よく働くいい人間だ。おそらく彼がレーニンの座につくだろう〟といっている。

スターリンは重要人物とはまったく思われていなかったようである。

1924年時点でのネップの総括

ジェルジンスキーは、1924年7月1日より遅くない日付でこれまでのネップの総括的報告をロシア共産党（ボ）政治局にあげている。長いので要点のみを記す。

「オゲペウ」のもつ資料によればパボロジィエ、クバン、ドン州など一連の地域で飢餓がおこっている。国内情勢は危険性を孕んでいる。ソヴィエトの農村には一般化すべき現象が起こっている。

①農村における階級分化の過程

ネップによる市場経済のもとでの競争と自由取引の結果、一方の極に急速に発展し強化していく「クラーチェストボ」(富農)と他方で小経営者・貧農の崩壊、貧農の農業労働者化と都市への流出という階級分化が起こっている。一連の地域で馬を持たない農民が50%を越えている。小経営者に融資がされていない。富農はしばしば土地を貸し付けるが、貧農は酷い搾取を受けている。貧農が都市へ流れる理由である。農業労働者が農民人口の40%に達しているところがある。

②土地問題

貧農と中農の一部は飢餓の時期に土地の一部を失った。富農が良い土地を持っている。彼らは耕地整理政策に反対している。そのためウクライナ、シベリア、キルクライとコサックの地域では武装闘争にいたるまでの紛争が起こっている。ウクライナでは種まきをした貧農の土地さえ略奪されている。しばしば富農は元の地主と統一戦線を組んでいる。

③税問題

農産物が十分に成熟する以前に課税額が決められるので多くの場合、課税額が正確ではない。未納税者への取立てが厳しく多数の逮捕者がでている。セバストーポリでは2万5000人、シンビールスクでは1万人以上が逮捕されている。富農はこれに反対しているため村全体の固い支持を受けている。
④失業、クスターリ（家内営業）と出稼ぎ業の欠如（内容省略）
⑤協同組合と農業信用
富農との闘いのために協同化（アルテーリ）に努力している。信用貸付の充実が重要である。
⑥相互扶助委員会
大きな努力が払われているが、援助はまだ大きくない。
⑦農民の政治的活性化の成長
ソヴィエト政権の政策を根本から廃棄させるための富農の政治活動が活発化している。ロシア共産党の強化が必至である。レーニン死去後の入党者の増大は重要である。

このあと11項目まであるが農村で各種の反革命組織が生まれていることが報告されている。特に11項では農村での共産党員とコムソモール員にたいするテロが横行していることが報告されている。そして結論として次のことが述べられている。

農村で階級闘争が激化していることは明白である。しかしネップがこれまでの農村を変えたことは事実である。いまあげた事実から政治的教訓を学びとることが必要である。それは農民の文化水準をあげること、農民は単なる納税者ではなく国家から支援をうける受益者であるという意識をもたせること、労農同盟を強化することが必要である。1924年5月の第13回党大会決定の実行が重要である*。同時に「オゲペウ」としては天候に左右されて定期的に起こる不作をなくすため土地改良が必要であり、そのためのフォンドをつくる国家計画委員会の計画を強力に支持する。

（以上、第2巻より）

1925年、1926年は革命以後、最高の豊作であった。同時期に農村ソヴィエトの選挙がおこなわれた。ネップにとって重要な時期である。

*この大会でロシアには農業発展の二つの道がある。資本主義的発展の道と協同組合をとおしての社会主義への道である。後者を発展させる努力を強化しなければならないことを決定した。

農村ソヴィエト選挙キャンペーン

⑸1925年。この年最後の10月19日付「オゲペウ」報告

「農村ソビィエト選挙カンパニア」の全国的情報が入ってきている。「もっとも最近のもの二件」について。「オルロフスク県では集会参加者は農家戸主の40％から70％の間である。若干の消極性を示しているのは貧農である。富裕層と中農が積極的である」。他の諸県（県名省略）でも40％から60％、60％から65％、24％から28％というところもある。特徴は「富裕層とクラーチェストボ*の積極性」である。「アストラハンスキー県では富農の影響下にある貧農が一度も集会を開いていないところもある」。

*ロシア語で富農を「クラーク」という。「クラーチェストボ」とは階級敵とみる立場から「富農階級」と呼ぶ場合に使う言葉。ただ使いかたは曖昧でただ富農と訳すことも可能。「富裕層」というのは大規模な富農（大金持ち）を指しているといえる。

貧農の消極性の言い分。ソヴィエトが「もしパンを分けてくれるなら出席するが、取上げることだけをわれわれ抜きで決めている」。「われわれなしですべてを討議し、集会にでても誰もわれわれのいうことを聞いてくれない」。「ソヴィエト議長に選ばれても実入りはわずかだ」等。

富農が積極的に発言。「ソヴィエトには経営のできる人々を選ぶ必要がある。それがソヴィエト的人間でなくてもいいではないか」。「自分自身の利益を守ることのできる無党派の人々を選ぶ必要がある。権力の前でわれわれを守る人々を選ぶべきである。われわれは以前は共産党員を選んできたが、彼らはわれわれのことを考えなかった」、「経験のある人々を選ぼう。貧農と共産党員では国家は管理できない」等。「集会ではエス・エルが共産党員の立候補に反対する扇動をおこなった」。

中農の発言。「選挙の民主化」を要求。「ソヴィエト中央執行委員会が「任命」する人では村の利益は守れない」。「貧農の多数は富農の影響下にある。中農と貧農とが一緒にというわけにはいかない」。「中農と富農が一緒にやるべきだ」。「自由な選挙といっても結局はいかなる違いもない。かりに住民が自分の望みで選んでも1ヶ月後には排除され共産党員が任命される」等。

富農が積極的に農村ソヴィエトの実権を握ろうとしていることが分る。農村には「共同体」の組織（スホード）がある。富農はそこでも力をもちソヴィエトでも力をつけようとしている。豊作ではあったが富農を中心に穀物を販売せず貯蔵にまわした。なぜなら売っても買う工業製品がないからである。

この選挙で共産党は力を落とした。『ソ連共産党史』によれば1925年、1926年当時の農村ソヴィエト議長は5人に1人しか共産党員はいなかった。

協同組合化の状況

ところで党の方針である協同組合化はどのような状況であったであろうか。秘密警察の「文書と資料」には集団化に関する状況報告が殆どない。一挙に飛ぶが1929年10月20日より遅くない日付で「オゲペウ」の「集団化の展開とその欠陥について」という長文の報告書があるので、その要約を以下に記すことにする。この報告書はソ連最大の農業地帯をもつウクライナの状況についてである。

ウクライナでのコルホーズからの脱退現象がやっと9月ごろにおさまり、新たな加盟者がでてきている。大規模な集団化計画はあるが実現されていない。原因は「下部の働き手の右翼日和見主義的方針」にある。「農民自身がコルホーズの優位性に確信をもつようにし、彼ら自身がコルホーズに入るようにしよう」という考えである。この「偏向」は「指導の過度の行き過ぎへの恐れ」、「農民と喧嘩をしたくないという希望」等々によって動機付けられている（「オゲペウ」はこの時点での党の方針と違っている――引用者）。コルホーズ自身についていえば、「指導の弱さ」、「組織、分配、労働の記帳と支払い」等々欠陥だらけになっている。個人農の気分は「静観主義的」である。富農によるコルホーズ攻撃（デマと暴力）が強化されている。9月中にウクライナで起こったテロ行為は752件、集団化に関しては461件、コルホーズの建物と穀物の放火が283件、殺人が23件、負傷者が25件である。共産党員、コムソモール員が殺されている。

（第2巻より）

ソ連全体の統計を秘密警察の「文書と資料」から読み取るのは難しくてできないが、ソ連時代の統計によれば１９２８年のコルホーズ数は3万３３００、ソホーズは１４００、個人農は２４００万６０００人、富農は１００万人である。ネップ期の農村の実体は以上のようなものであった。

私の資料の読み方が不正確ではないと思うのは、ソ連時代からスターリンの強制的農業集団化を誤りと主張していたべ・ダニーロフ教授も『頂点』の論文のなかで、ネップ期に富農が増大し１９２７年には90万人に達したと述べている。ダニーロフは富農の土地の没収は十月革命のときも内戦のときもおこなわれたが、ネップ期に入ってからは「富農をコルホーズに入れる」という方向に変った。しかし当然ながら「拒否」され富農経営が増大したと指摘している（論文「集団化：それはどういうものだったか」）。

二、ついにでたスターリンの暴力的集団化指令

農民の売り惜しみにより１９２７年、１９２８年に「食糧調達危機」が起こった。スターリンは「戦時共産主義」的方法をとって調達した。これにたいする農民の反発が鋭いものであったことはいうまでもない。

「オゲペウ」は１９２８年10月に「農村における反ソヴィエト運動」と題する「極秘」情

報を作成している。「暗号の扱いと同様に保存すること。写しは禁ずる」と書かれた実に36ページに及ぶ情報である。エス・エルを中心とした諸勢力によって「反ソヴィエト組織」が結成され、１９２７年から１９２８年に急速に発展したことが書かれている。「１９２７年、１９２８年に生まれた運動体は１２７８ある」としている。

スターリンはついに１９２９年12月27日に政治局決定だけで「階級としての富農の絶滅」を決め、肉体的抹殺を含む強制的集団化の開始を宣言した。これまでは富農の搾取抑制を基本政策としていたが、富農の階級としての絶滅に転換した。これはスターリンの農民への「開戦」布告である。１９３０年１月11日付のオゲペウの暗号指令は次のように述べている。

オゲペウ・騎兵全員へ（個人的に）

中央での著しく厳しい政治問題の決定――富農への打撃に関連して、遅くとも１月14日10時までに電報で以下のことを通知せよ：①富農的・白衛軍的・ごろつき的分子の組織、グループ、個人農の代理人的耕地がどのくらいあるか、②この事業の参加者はどのくらいいか、③取調べ段階にあるこの種の事業はどのくらいあるか、④取調べ中の事業への参加者はどのくらいいるか、組織とグループの数は個別に正確に示されなければならない。

メッシング、エフドキーモフ

（第2巻より）

これほどの危機だったのか

先述のベ・エヌ・ミローノフ教授はけっしてスターリンを擁護しているわけではないが、「20年代終りまでに明確になったのは、ネップをもう1年あるいは2年続けていればソヴィエト権力は転覆されていたであろうということである。ソヴィエト権力にとって特別な脅威はネップの影響による農村共同体の崩壊であった。共同体は豊かな富農と貧農に激しく階層分化され、貧農は都市へと押し流されていき、結果として（官僚とともに）スターリン主義の社会的基礎を構成した」。「スターリンとそのグループは資本主義に反対するプロレタリアートの抗議を沈下させるため第2回目の内戦を開始したのであった」と述べている（「十月革命の悲劇」、『21世紀の社会主義』収録。２００９年、モスクワ）。

これほどの危機であったのだろうか。これは左派的な見方であるという見解もある。日本でもその角度からの研究もある。私のいいたいのは、ネップは進むにつれ、いわれているほど「牧歌的」なものではなかったということである。

社会の国家化

出典によって数字はさまざまであるが、スターリン決定のあと農村で数百万人から1千万人に及ぶ死者あるいは流刑者がでる大悲劇が起こった。富農であれ農民を殺害・流刑することは十月革命の精神にたいする裏切りである。十月革命はここで完全に変質した。

悲劇は人的犠牲にとどまらなかった。集団化（コルホーズ）は国家が農民から農業生産物を強制的に押収するのに都合のいい機関としてだけでなく、強制的生産機関に変えてしまった。その結果、農村共同体は完全に解体され農民のさまざまな自主的組織も廃絶されてしまった。都市から消費協同組合も廃絶され、国民が自主的に行動する場所がなくなった。社会の国家化である。

ここでは工業分野の問題を扱う余裕はないが、この分野も完全に国家化された。労働者は形式的には生産手段の所有者であったが、経営からは疎外され生産手段の管理、運営には参加できず国家の管理のもとにおかれた。これは内戦が始まり国家統制経済が敷かれたことと、労働者の文化水準が低かったためである。レーニンは、初めは工場の労働者統制を考え国有化を避け、労働者が工場を運営するように努力をしてきた。しかし内戦で「戦時共産主義」を導入せざるをえなくなり、「上からの管理」を余儀なくされた。このことを抜きに、レーニンを「国家主義者」と批判することは当を得ていない。

しかし、人口の80％を占める農民の強制的集団化は文字通りソ連社会全体を国家化してしまった。もしレーニンが数年長生きをし、農村の実状を知っていたら富農にたいしどういう政策を打ち出したであろうか。「過渡期」には経済法則というものはない。現実にある情勢にたいしどのような政治的判断をくだすかである。レーニンがスターリン的手段をとることは絶対にない。ここからでてくるのは、農業の集団化と機械化をマルクス主義の農業社会主義化政策とすることの可否の問題である。

三、現代の課題としての農業問題

エンゲルスは、農民が集団化に踏み切るまで小さな土地の上で「長いあいだとっくりと思案できるようにしてやる」といったが（『フランスとドイツにおける農民問題』、全集22巻、496ページ）、ロシアの情勢は農民が「とっくりと思案」していられるような状況ではなかった。理論より現実のほうがよほど難しいことはこれまでみてきたとおりである。

集団化はソ連、東欧、中国、ベトナムですべて失敗している（暴力的強制がなくとも）。中国は毛沢東時代に富農も没収したので「改革開放」政策をとってから人民公社を廃止したが「富農との闘争」は必要がなかったし、いまもない。もはや中国でこれから農業集団化路線をとることはおよそ考えられない。農民の私的イニシアチブを発揮させるようにしなければ農業政策はかならず失敗する。

アメリカのような大農業（ファーマー）を社会化することはありうるであろうが、たとえ小さな土地でも「自分の土地」をもっていたいというのは農民の強い欲求である。ＥＵでは高い農業補助金（ＥＵ予算の40％）を払い農家を保護している。これを今後どうするのかは知らないが、重大なことと思う。

日本の場合、自民党の農業破壊政策の結果、いま農業人口は244万人、就業人口の3・2％に過ぎなくなっている。こうした状況のもとで農民を守ることは「食糧安全保障」のうえだけでなく「自然と人間の調和」を維持・保障するうえで大切であり「補助金」を「人間存在」の当然の「社会的費用」と考えるべきである。日本では社会主義でもそうあるべきではなかろうか。集団化と機械化だけが農業の社会主義化政策とはいえないと思う。もっとも現在の日本政府が払う農業補助金は5・5兆円（税収の10％）にも及んでいるが、これはコメの輸入自由化、農業切捨て政策による食糧自給率の低下によるツケであり、民主的政権のもとで大幅に改善できる。「人間と自然の調和」をはかる「社会的費用」としての補助金は社会主義的精神として理解することができると考える。

ナロードニキの流れをくむエス・エル党の内部は複雑で、地主の土地の没収ではもちろん一致していたが、「すべての農民への土地の均等割」制度を主張する意見や、「土地の社会化と農業の協同化」を主張する意見などに分かれていた（この「協同化」はコルホーズ化とは違い日本の「農協」のようなものであった）。これらの主張は革命前からのエス・エルとトゥルダヴィキの「綱領的見地」であった。

レーニンとボリシェヴィキは、これでは農業を近代化することはできず、また小土地所有は商品経済を前提にするものであり農民を貧困から解放できないとし、エンゲルスに忠実に納得による農業の集団化（コルホーズ化）を主張した。しかし、事実の問題として革命前から農民の多数が支持したのはエス・エル、トゥルダヴィキ方式であり、ボリシェヴィキが主張した社会主義的方策は支持されなかった。マルクスは最晩年にロシアの農村共同体が社会主義に成長・発展する可能性を否定していない言葉を残している（ザスーリッチへの手紙の草稿）[*]。こうしてみると社会主義と農民とはどうあるべきかの根本をよく考えなければならないと思う。

＊ロシアの革命家・ベラ・ザスーリッチは「ナロードニキ」であったが、後にマルクス主義者に変った。しかしロシアの農村共同体が社会主義へ発展できないものかとマルクスに直接質問したのにたいし、マルクスが１８８１年に返事を書いた際の草稿のこと。

第七章　なぜキーロフが最初の犠牲者になったか——「スターリンの弱体化」

最後に、なぜスターリン個人独裁体制ができたのかをみておきたい。

私は２００８年夏にペテルブルグに観光旅行でいった。レーニンの記念碑はことごとく破壊され無くなっていた。スモーリヌイの庭に以前からあった比較的小さな銅像だけが残っていた。しかし驚いたのは、市内のある広場に冒頭に述べたセルゲイ・キーロフの銅像が残っていたことである。

そこを観光バスで通ったさい、若いとはいえない女性のガイドさんが「キーロフは私たちペテルブルグ市民のために命をかけて闘った人物です」と解説した。それ以上のことはいわなかったが、彼女の心にはキーロフが１９３４年にスターリンによって暗殺されたことが消しがたいソ連史の悲劇として重く残っており、一言でもいいから何かいいたかったのであろうと感慨深く聞いた。すべてのガイドがそこを通るとき、そういう解説をするのかどうか知らないが、忘れられない一瞬であった。

スターリンの「大テロル」は、キーロフ暗殺から始まった。これは１９５６年に当時、ソ連共産党第一書記であったフルシチョフがおこなったスターリン批判の秘密報告から明らかなことである。この事件直後からジノーヴィエフ派が逮捕・銃殺されている。しかし、なぜキーロフから始まったのかは、あまり知られていない。

第17回党大会と「スターリンの弱体化」

スターリンが膨大な犠牲者をだした暴力的農業集団化を強行した後、ロシア共産党内部ではスターリンの「個人崇拝」を煽る傾向が強まった。同時にもう一方ではスターリンにたいする不満が募り、スターリンを「書記長から解任すべき」であるという、先に述べたレーニンの「大会への手紙」にある遺言をいまこそ実現するときがきたという空気も広がった。１９３４年1月26日から2月10日まで15日間かけて行われた第17回党大会はまさにこの分岐点であった。

この大会は集団化の「完成」、工業化の発展などにより「勝利者の大会」と呼ばれた。同時に「和解の大会」ともいわれ、スターリン反対派のジノーヴィエフ、カーメネフ、ブハーリンなども大会に出席し「改悛の情」を表明した（トロツキーは国外追放）。大会議事録を読むと「スターリン万歳！」の一色に塗られた大会であるが、しかしスターリンにとって順調なものではなかった。

大会冒頭、スターリンが長い政治報告をおこなった。討論に入ったが賛成演説ばかりであり、最後にキーロフが発言した。スターリン報告よりは短いが他の発言者の3倍以上の長さは優にある発言である。このあと大会議長がスターリンが結語をおこなうと述べたが、スターリンは、みなが報告に賛成しているのでその必要はなく「結語はお断りする」と発言し、大歓声のもとで報告が採択された。事実上、キーロフ発言が結語のようなものであった。

キーロフは発言のなかでブハーリンの自己批判をとりあげ、彼は「音符を読んだだけで歌にはなっていなかった」と批判し、「人間的」なものを感じないと述べている。また党内にはまだトロツキーと同様な反革命分子もいるとも述べている。

このあと、スターリンの最側近で後に外相にもなったモロトフの第二次5ヵ年計画案の報告があり、さらに党政治局員であるカガーノビッチの党組織問題の報告などがおこなわれたが、一番討論が集中したのはカガーノビッチ報告である。討論からみると党内事情は相当混乱している（た）事情がわかる。

最後に新中央委員選出の秘密投票が行われた（以前から秘密投票であった）。議決権をもつ代議員・1227名が投票した（評議員は739名）。ここからが大問題である。キーロフがトップで当選した。スターリンはといえば71名の中央委員のうち最下位で当選した（中央委員71名という半端な数字が最初からきめられていたのかどうかも疑問に思う）。大会議事録には当選者がアルファベット順に発表されているだけで、こうした内実はわからない。しかしこのことはロイ・メドベージェフの『スターリン主義の起源と帰結』などによって1970年代から知られていることだが、今回、『頂点』に収録されている、ゼ・セレブリャーコバ（歴史学博士）論文「銃砲発射レバーとしてのキーロフ暗殺」がこの問題を詳細に研究している。

彼女の研究によればキーロフは反対3票でトップ当選した。彼女が取材した投票数計算委員会の委員であるベ・エム・ベルホーヴィという人物の回想によれば、スターリンにたいする反対票が多数にのぼったため、スターリンの命令で彼の名が消されている投票用紙はすべて焼却されてしまった。したがって正確なことは分からないとのことである。しかしベルホーヴィは反対票は125票か123票あったのではないかと回想している。

ところがベルホーヴィによれば、*大会記録にはスターリンはキーロフと同じ3票の反対があったと記されたとのことである。スターリンの側近であるモロトフ、カガーノビッチも100票以上の反対があった。明らかに党内でのスターリンの地位は大きく低落していた。「スターリンの危機」とはいわないまでも、まさに「スターリンの弱体化」である。投票数計算委員会は41名で構成されていたが、そのうち39名がその後、銃殺された。

＊メドヴェージェフも大会会場では投票数計算委員会責任者がスターリンにたいし3票の反対票があったと報告したとしている。但し大会議事録にはそうしたことはいっさい載せられていない。

セレブリャーコバによれば、大会期間中に何名かのベテラン党員がキーロフとともにスターリンの書記長解任の話し合いをおこなっている。＊セレブリャーコバは古い党員から聞いた話として、「ベテラン党員とキーロフとの話し合いがスターリンに知れ、キーロフ暗殺、中央委員の多数の殺害の動機となった」と述べている。

また、現実には17回大会代議員の圧倒的多数（80％）が銃殺された。代議員の80％はみな1920年以前に入党したベテラン党員である。キーロフは1904年入党、1905年革命にも1917年の武装蜂起にも参加したベテラン中のベテランである。

＊別の本だがミコヤンの自宅でもスターリン解任の相談会が開かれている（ア・ウシャコフ『スターリン　善と悪に反して』、２００６年、モスクワ）。

キーロフが「赤の広場」で演説

さらに驚いたのは、セレブリャーコバによれば大会終了後、「赤の広場」で大会祝賀集会が開催され、キーロフが「大会を代表して」演説をしたことである。スターリンではなかった。これは異常なことであり国民がどう受け取ったか容易に想像がつく。演説はかつての反対派に「忍耐づよい態度」をとらなければならないこと、「党に忠実」でなければならないこと、また「人間には素朴さ」が必要であることなどが話されたとのことである。

セレブリャーコバは、スターリンはキーロフに「友情」を示し党中央の書記局員となるよう提案したが、キーロフは拒否したと書いている。スターリンはキーロフを常に直接の監視下においておく必要があると考えていることをキーロフが察知したからである。妥協が成立し、キーロフは引き続きレニングラードの党責任者にとどまり、同時に党中央の書記局員の仕事もすることになった。

キーロフは本来なら陽気にレニングラードに戻ってくるはずだが、憂鬱で何かの脅威を感じているようであった。健康も害し会議を欠席することがよくあった。8月にスターリンはキーロフにソチで一緒に休暇をとるよう提案した。キーロフは拒否したが、スターリンと同様グルジア出身の政治局員であるオルジョニキッゼに説得されソチへ出かけた。9月にはカザフスタンに出張するよう命じられた。この間に、レニングラード党委員会のあるスモーリヌイ*の防衛隊員にスターリンと直結したオゲペウの12名が追加配備された。キーロフの執務室も変えられていた。

＊スモーリヌイとは1917年8月からペテルブルグ・ソヴィエトが置かれていた旧女子学院で、十月革命以後はボリシェヴィキ党のレニングラード党委員会があったところ。

1934年12月1日、ピストルを鞄に入れたレオニード・ニコラーエフが防衛隊員に阻止されることもなくスモーリヌイに入り、執務室の近くの廊下を歩いていたキーロフに銃口を開き暗殺した（私もその場所にいったことがある）。暗殺の知らせを受けたスターリンは、ただちに悪名高い「12月1日法」と呼ばれる１９３４年12月1日付けの法令をだした。あらかじめ用意していたのだろう。「テロ行為の準備と実行で告訴されたる者の事件の審理は10日以内で終了しなければならない」、「当事者の出席なしに事件を審理することができる」といったことまで規定した恐るべきものである。

キーロフ暗殺は、旧反対派であったジノーヴィエフ・グループによるものとされ、１９３５年1月28日―29日の裁判で旧ジノーヴィエフ派の14名が銃殺された。ジノーヴィエフはかつてレニングラードの党責任者をしていた。セレブリャーコフは大筋以上のような経過をあきらかにしている。

それ以後、レーニンを知るあらゆる党員・人物にたいする「大テロル」が開始された。ロシア共産党（ボ）は「同じ名前」のまま完全に変質した。

家父長制的なロシア

スターリンにとって17回党大会が危機の大会であったことは間違いない。ひょっとすると中央委員から落とされていたかもしれない。その危機意識が逆に個人独裁体制の確立に繋がったといえる。自分が党から信頼されていないことが分っても居直るというスターリンの態度は、彼のパーソナリティーからくるものであろう。それが彼の粗暴さとともにスターリン体制の確立の原因であったことはたしかである。

しかしそれだけでは説明しきれないものがある。なぜあれほど酷いことがやれたのかということである。それはロシアの社会構造と深く結びついている。レーニンは1921年にロシア社会の構造を分析したことがあるが、ロシアは何十という文明諸国が「おさまるほどはてしない広漠たる土地がひろがっている」が、「これらの土地には、家父長制や半ば野蛮や、まったく本物の野蛮が君臨している」と述べている（「食糧税について」、全集第32巻、377ページ）。

家父長制は長にたいする絶対的忠誠を求める。この非文明性が一回の革命で消滅するものではなく、ロシアの政治的・社会的生活に反映しないわけがなかった。スターリンの個人的資質とこのロシアの社会構造とが結合し、キーロフ暗殺を契機に、スターリン個人独裁体制を確立させた根本的原因があるといえる。ブズガーリン教授は、キーロフには触れていないが、次のように述べている。

問題はしかし（スターリン）個人だけにあるわけではない――十月革命によって生まれ

た民衆の社会的創造の萌芽は、それを現実化するための諸前提が不足していたため変形した。そしてこの変形は次の補完的事情によって大なり小なり不可避的であった。ロシア帝国にとって最も強固で伝統的な前ブルジョア的諸関係、すなわち集団主義の家父長的諸形態、個人的従属と経済外的強制、社会における階層別境界、政治組織の独裁的形態とイデオロギーの宗教への転化形態がそれである。

スターリンは、制度を維持するため家父長的暴力的（前ブルジョア的）方法をますます導入しようとする保守的勢力の代表者となった。ここから国家、暴力機関の優先性（後期封建制とアジア的社会に特徴的な）、経済組織の半農奴的（パスポートと居住登録書のないコルホーズ員）、半奴隷的（囚人労働の大規模な利用）形態、家父長制とイデオロギー等々における大国排外主義の著しい諸要素が生まれた」（以上、「レーニンの理論と実践の全体的統一」、『レーニン　ONLINE』収録、２０１０年、モスクワ）

スターリン個人独裁制度はこのようにして形成された。にもかかわらず、まったく逆説的であるが、スターリン体制は長く続いた。その決定的な要因はブズガーリン教授も指摘しているが、工業化の成功とともに第二次世界戦争でソ連が２７００万人の犠牲をはらってヒトラー・ドイツに勝利したことにある。

フランスの犠牲者は60万人、イギリスは38万人、アメリカは29万人である。人口比に換算してもソ連の犠牲者は圧倒的である。スターリンは独ソ戦開始まえにヒトラーとポーランド分割の秘密協定を結んだ。こうしたことはあってはならない覇権主義の重大な誤りであった。このほかにもスターリンは幾つかの誤りを犯したが、スターリン体制が維持されてきたことには、この勝利があったことは事実である。これは謎ではなく歴史の事実である。ロイ・メドベージェフは、スターリンは独ソ戦勝利後、「急にふけた」と書いている（『ペレストロイカはいかにして開始されたか』）。

第八章　社会主義と政権党——

「一党独裁」ではない

よく「社会主義」といえば「一党独裁」といわれるが、これはスターリン時代に入ってからのことである。レーニン時代にはそのようなことはなかった。この問題を述べて終わりとする。

十月革命後に残った政党はカデット党、エス・エル左派、エス・エル右派とメンシェヴィキである。カデット党はソヴィエト政権打倒の軍事行動をおこしたので１９１７年11月末に幹部が逮捕された。エス・エル左派はすでに述べた経過の後、ソヴィエト政府と連立を組んだ。エス・エル右派とメンシェヴィキは連立は組まなかったが、ソヴィエトのなかで自由に活動していたし、農村ソヴィエトの選挙でエス・エルは共産党候補者に反対して独自の選挙戦をたたかった。これは事実の問題であり誰も否定できないことである。

たしかにエス・エルが１９１８年のブレスト・リトフスク講和条約に反対してドイツ大使を暗殺したり、レーニン自身にもエス・エルによる暗殺未遂事件がおこるなど、テロ行為や反ソ軍事行動がおこなわれたとき、１９２２年にエス・エル裁判がおこなわれた。[15]

名が死刑、17名が禁固刑を受けた。しかしエス・エルがテロ活動を中止するならば刑を執行しないとしてソヴィエト政権は実際には刑を執行しなかった。

またこのとき、エス・エルは「社会主義政党」とは看做さないと断じられたが、党が解体されたわけでもなく自由に活動ができた。レーニンはこの時期にメンシェヴィキにたいする「監視と弾圧」の「強化」が必要という手紙をトロツキーに送っているが（全集第45巻、563ページ）、それでメンシェヴィキの活動が禁止されたわけではない。

ただし、一度だけロシアで他党の「廃絶」を目指す決議をおこなったことがある。レーニンが病気で不在のときの1922年8月におこなわれた第12回党全国協議会で、「反ソヴィエト諸政党と諸潮流」という決議を採択し、そのなかで党の「正しい政策のもとで」エス・エルとメンシェヴィキを「比較的短期間に最終的に廃絶することができる」と述べている。こういう決議をおこなうことは正当ではない。ただそれは行政手段でおこなうのではなく主として党の「科学的共産主義思想の作業を向上」させることによって思想的になしうるとしている（『ソ連共産党　決議・決定集』第1巻）。

ロシアで共産党以外の政党の結社が不可能になったのは、スターリン時代の1930年から1931年である。「産業党」事件（工場で多発する事故は産業党の仕業であるとして多数が処罰された事件）、『勤労者農民党』事件（こういう党をでっちあげ著名な農業学者たちを抹殺した事件）をとおして反対党はいうに及ばず、いっさいの政党結成を許さなくなった。これが事実経過であり社会主義は他党の存在を許さないものだとするのはためにする議論である（以上、詳細は拙著『レーニンの再検証』を参照されたい）。

レーニンと「討論の自由」について

しかし、ロシア革命を見るとき一番重要なのは政権党である共産党自身のありかたではないだろうか。党内民主主義があるかどうかである。これによって社会全体が左右される。よくソ連を変質させたのはスターリンではあるが、根源的には党を変質させたレーニンに責任があるといわれる。レーニンが分派を禁止したからだという理由である。

この点で、『頂点』収録のエス・ドザラーソフ（ロシア科学アカデミー経済理論講座教授）論文「テルミドール：プロレタリア独裁から個人権力へ」がある。スターリンはトロツキー、ブハーリンを行政的に処分したあとも「分派禁止」を口実にあらゆる異論を排撃し、「党内民主主義」の完全破壊をおこなったが、この「分派禁止」を決定したのは１９２１年の第10回党大会でのレーニンであり、スターリン体制成立の根源はレーニンにあると主張している。これは日本でも以前からくり返されている議論である。
ドザラーソフが「異論の排撃」、「討論の自由の剥奪」は党を変質させるという意見には同感である。しかしレーニンにその責任を負わせるのは無理である。政党として分派禁止は当然である。しかしそれは党内での「言論の自由」を禁止することではない。レーニンは「分派禁止」の決定と同時に党内の言論について次の重要な決定をしている。

党のいろいろな欠陥にたいする無条件に必要な批判は、つぎのように行われなければならない。すなわち、すべての実践的な提案は、できるだけ明確な形で、ただちに、いっさいの面倒な手続なしに、党の地方および中央の指導機関の討論と決定にまわされなければならない。……党の一般方針の分析あるいは党の実践上の経験の評価、党の諸決定の実行の点検、誤りを訂正する方法の研究、等々は、いかなる場合にもなにかの「政綱」などにもとづいて形成されているグループの事前の討論にまわしたりせず、もっぱら、直接に全党員の討論にまわされなくてはならない。そのため大会は、批判がプロレタリアートの階級敵をたすける恐れのあるような形式をけっしてとらず、実質的におこなわれるようたゆまず努力しながら、「討論用リーフレット」や特別の論集をもっと定期的に発行するよう指令する。

（「ロシア共産党《ボ》第10回大会」、全集第32巻、253―254ページ）

このようにレーニンは、党中央が「討論用」の論集を定期的に発行し、すべての党員が直接全党に自分の意見を述べ討論できるようにと提言した。きわめて重要なことであり、どんなときでも「討論の自由」をいささかも否定しなかった。分派は党の統一を破壊するものであり、論争は党を強くするものである。レーニンは大いに論争しながら党を団結させ前進させていった。だからこそロシア革命は成功したのであり、その後の未曾有の困難を乗り越えロシアを社会主義の方向にそって前進させていくことに成功したといっても過言ではない。

「ロシア共産党史についての覚書」――ブハーリンにあてたレーニンの手紙

参考のために面白い資料を紹介しておきたい。ロシア共産党中央委員会は1921年にブハーリンに党史を書くよう委任したことがある。そのときレーニンはブハーリンに宛てて手紙を書いている。

レーニンはそのなかで書きかたについて「いろいろと考え」てみたが、「論争」史として纏めてみてはどうか、「論争、分裂、統一」といったものにしてはどうか、「ご意見を一報されたし」と書いている。そして党綱領を策定した１９０３年から１９２１年までの27の論争テーマの一覧表をつくって送っている（全集第36巻、６５６―６５８ページ）。レーニンはよほど論争が好きだったようである。

これからの社会主義は「言論の自由」はいうまでもなく多党制、議会制民主主義、統一政権として形成されるに違いない。

おわりに

20世紀初めのロシアの民衆は第一次世界大戦という苦痛に満ちた矛盾、ツァーリ専制政治との矛盾、それを解決しようとしないブルジョアジーとの矛盾という耐え難い矛盾のなかにおかれていた。これを解決するためには、「何か新しい社会体制」を生みださざるをえない不可避性とぶつかった。ロシア十月革命とソ連の登場は偶然ではなかった。

それは、「20世紀への挑戦」であった。しかしレーニンら新たな指導部がぶつかったのは、ロシアの「非文明性」と農村の家父長制を含む文字通りの後進性であった。新しい社会的諸関係はこの未発展性に合致した形態でしか生まれることができなかった。ロシアは20世紀の「落とし穴」に落ちたといえる。それはスターリンとそのおべっか使いを生んだ。これは糾弾してもしきれないものである。

しかし、十月革命を成功させ社会主義へと踏み出していったロシアの革命家たちとそれをささえた無数の人々の英雄的闘争を忘却することは、スターリンの暴政を許せないのと同様にあってはならないことである。今の資本主義ロシアは110人の大富豪が支配する経済社会になってしまった。社会を安定させるといわれる中間層は10－20％である。最近の15年間だけで2万の村が消滅した。これがいまのロシアである。

かつてレニングラードと呼ばれたサンクト・ペテルブルグは美しい街である。さまざまな彫刻で飾られた幾つかの橋をわたりながら、ネフスキー通りをネヴァ川の近くまで歩き、右に折れると宮殿広場にでる。帝政ロシア軍の参謀本部があった大きな半円形の建物に囲まれた冬宮殿広場の光景は、権力を誇示するがごとく堂々としているが、同時に中世の美を伝える調和のとれた優雅さを漂わせている。この街が再び人民的生気をとりもどすのはいつのことであろうか。

出版事情の厳しい折、本書を出版していただいた本の泉社の皆さんに感謝の気持ちを表し本書の終わりとする。

聴濤　弘（きくなみ　ひろし）
1935年生まれ、元参議院議員（日本共産党）、国際政治研究。著書に『カール・マルクスの弁明：社会主義の新しい可能性のために』、(大月書店)『レーニンの再検証 - 変革者としての真実』(同)、『マルクス主義と福祉国家』(同)、『マルクスならいまの世界をどう論じるか』(かもがわ出版）など。訳書にレーニン著『国家と革命・国家について』(新日本出版社)、同『帝国主義論』(同）などがある。

ロシア十月《じゅうがつ》革命《かくめい》とは何《なん》だったのか

2017年10月5日　第一刷発行

著　者　聴濤　弘
発行者　比留川洋
発行所　株式会社　本の泉社
〒113　0033
東京都文京区本郷2-25-6
Tel 03(5800)8494/ FAX 03(5800)5353

印　刷　音羽印刷　株式会社
製　本　株式会社　村上製本所

ISBN978-4-7807-1650-4 C0036 Printed in Japan